生野南小学校教育実践シリーズ

(第 2 巻)

心を育てる
国語科教育

スモールステップで育てる「ことばの力」

編　田村泰宏・西岡加名恵

著　小野太恵子・木村幹彦

Ikuno Minami Elementary School,
Educational Practice Series

日本標準

「ことばの力」で心を育てる国語科教育

学校においては，子どもたちのもつ「ことばの力」が大きな意味をもっている。

私自身が新任で勤めた中学校では，生徒会役員たちと，生徒会新聞やあいさつの原稿を一緒に作っていた。そのとき，教師からの言葉より，生徒会からの呼びかけのほうが生徒たちにとって影響力があるなと感じた。生徒会役員たちは，職員会議で自分たちの企画を通すため，教師たちが正面切って反対できないような提案理由を一生懸命考えていた。教師のたんなる「お手伝い集団」ではない彼らは，いわゆる番長グループからも一目置かれ，皆の心を言葉で動かしていった。

転勤して新しい中学校に少し慣れたころ，放課後の廊下を歩いていると，少し癖のある男子生徒が傘立てに座っていた。目が合うと不意に「先生，バイバイ」と言ってきた。普通なら言葉遣いの悪さを注意するところだったが，彼の表情を見て，そんな感情は湧かず，むしろ敬意をもたれているように感じた。「バイバイ」でも心が通じたような気がした。

ところが，2011年度に生野南小学校に教頭として赴任すると，そのような子どもたちの温かい「ことば」の世界とはまったく異なる現実が広がっていた。

当時の生野南小学校では，子どもたちによる激しい暴言や暴力，器物破損，授業離脱，教師への反抗が多発する状況だった。とりわけ児童養護施設から通う子どもたちのなかには，暴力を伴う激しい「いじめ」を行っている者がいた。今から振り返れば，これらの激しい「荒れ」は，トラウマがもたらすアタッチメント障害（愛着障害）に起因していたと理解できる（この点については，本シリーズ第1巻を参照されたい）。子どもたちのなかには，「今までに教師を○人辞めさせたった［辞めさせてやった］」と豪語する者さえいた。子どもたちの言葉は，人を傷つける道具と化していた。

2013年度に着任した山元ひとみ校長は，荒れる子どもたちに対して，「自分の思いを『ことば』で伝えることができる子どもを育てる」との方針を打ち出し，翌年，指導者として清水丘小学校の田村泰宏校長（当時。現甲南大学教職教育センター 教職指導員）を招聘した。生野南小学校における国語科教育研究の始まりである。研究のプロセスでは，研究主任である小野太恵子教諭のリーダーシップのもと，各年度に全学年における授業研究が企画された。さまざまなトラブル対応に追われつつも，指導案を練りに練り，予行練習を行って議論を重ね，研究授業を実施し，その後には田村先生を交えて活発な事後検討会が行われることとなった。

2016年度までの3年間は，子どもたちが授業のなかで「相手の立場に立つ」ことを期待し，「人を思うこと」を願い，「物語文」を扱った。2017年度からの3年間は，さまざまな読解法や伝え合う力が「説明文」の読み取りでも通用するのかを探究することとなった。

「説明文」の読みの研究については，「読解の基礎」から「比べ読み・表現の工夫」へと発展した。取り組みのなかで，子どもたちは，言葉の奥にある「人の心」をしっかりとらえ，どのような言葉で命や自然の大切さが語られているのか解き明かすことを学んでいった。2020年度は，「言語事項」「書く」「調べる」から「話す・聞く」領域まで授業研究を展開

した。そして2021年度は，ついに「対話」領域にたどり着いた。消えて無くなる音声言語で伝え合うために，聞いたこと，言いたいことを一度書いて向き合う手法が編み出されることとなった。

　群れで生活する動物は，互いの表情で対話し，社会秩序を保つ。しかし，表情だけでは伝えきれないので，表情筋で舌や唇を動かし，音声言語を獲得した。人間は，それをさらに文字言語にし，時空を超えた対話を可能にした。生野南小学校の子どもたちは，たくさんのことを速く読み，書き，話すようになった。書きたいこと話したいことがあふれだし，内容は広く正確で，人を思う心が込められている。「問答無用」の世界から「話せばわかる」世界へと子どもたちを導くことができたと感じている。

　今回，京都大学の西岡加名恵先生より書籍化のお話をいただいた。本書が，読者が「話せばわかる」世界へ子どもたちを導く一助となることを切に願う。

　　2023年2月

大阪市立生野南小学校 校長（2018〜2021年度）

大阪市立南市岡小学校 校長（2023年度〜）

木村幹彦

※2022年4月より生野南小学校と田島小学校を統合した田島南小学校が田島中学校敷地内に新設され，田島南小中一貫校として施設一体型の小中一貫教育が進められている。
※「田島南小中一貫校」は愛称。正式の学校名は「大阪市立田島南小学校」「大阪市立田島中学校」である。

目　次

はじめに　　「ことばの力」で心を育てる国語科教育 003

序章

心を育てた国語科教育
──「暴力をことばに［変える］」を合い言葉に── (009)

第1節　なぜ, 国語科研究なのか 010
1 「心」を変える, 文学教材の読解
2 「ことば」を変えた, 説明文教材の読解

第2節　「ことば」が可能にしたこととは 015
1 読解力を言語力に
2 人生を楽しむことができる「学力」へ

第1章

「ことばの力」を育てる
──読むために話し合う, 話し合うために書く── (019)

第1節　物語の読解から始まる「心を育てる国語科教育」
　　　　　──学習活動への一工夫が深める
　　　　　　「ごんぎつね」の読み〔4年〕 020
1 「心を育てる国語科教育」をめざして
2 心を育てる国語科授業の実際
3 心の成長を支える言葉の学び
解説①　考えの形成と交流で心を育てる物語文の授業
　　　　──納得の学習活動が学びの方略に 032

第2節　「新聞記事を読み比べよう」──記者の「心」に迫る〔5年〕 034
1 書き手が「伝えたいこと」を正しく読み取るために
2 言葉・文・文章を一対一対応させた「比較読み」
3 新聞記者の立場に立つ
解説②　書き手の気持ちや願いに迫る説明文・論説文の授業
　　　　──国語科授業をこう組み立てよう 047

第3節 「話し合って考えを深めよう」
　　　　──読んで書いて，会話をつくる〔6年〕……049
1 意見の違いを楽しめる大人に
2 豊かな会話を成立させるための準備
3 相手の考えを受け止めながら，どう伝えるか
4 意見の対立をプラスにもっていく時間
解説③　響き合う心に導く「話し合い」の授業 ──学習方略を自在に使おう……063

第2章

スモールステップを組み立てる
──サイドライン・劇化・段落パズルなどの授業の工夫── ⓪⑥⑤

第1節 **読解の基礎①（物語文）── 暴力をことばに［変える］**……066
1 本文を正しく読み取るために
2 低学年の実践
3 中学年の実践
4 高学年の実践
5 実践を振り返って

第2節 **読解の基礎②（説明文）── 文章構成を読み解く**……081
1 スモールステップを見いだす
2 低学年の実践
3 中学年の実践
4 高学年の実践

第3節 **比較して読む（説明文）── 書き手の「心」に迫る**……096
1 2つの文章を読み比べるために
2 「比較読み」領域の実践
3 「比較読み」を活用する実践

第4節 **読解力を伝え合う力に ── 話し言葉に向き合う**……112
1 言葉が飛び交う楽しさを味わうために
2 話をつなぐ ──低学年の実践
3 司会を立てて話し合う ──中学年の実践
4 対話する ──高学年の実践
解説　言葉学びで育てる心 ──研究の継続・発展に期待して ……131

終章

荒れる心に「ことば」の響きを
──スモールステップで育てる「ことば」と「心」── (133)

第1節 **要点の１つめは「心を育てる国語科教育」** ················· 134
1 国語科授業のあり方を問い直す
2 心を育てる「国語科授業スキーム」の設定
3 「心を育てる国語科教育」を頂点に見据えて

第2節 **要点の２つめは「学習方略のスモールステップ化」** ········· 137
1 「スモールステップ」という着想
2 スモールステップで授業への思いを具体化しよう
3 「国語科授業スキーム」の求心・遠心

第3節 **要点の３つめは「子どもと一緒に言葉を育てる学校」** ········· 144
1 授業における話し言葉の復権
2 内言の育成をめざす
3 「子どもと一緒に言葉を育てる学校」づくり

おわりに──子どもたちの温かい「ことばの力」 ···················· 149

編者・著者・授業者一覧 ··· 151

心を育てた国語科教育
——「暴力をことばに［変える］」を合い言葉に ——

小野太恵子

新設校の「合い言葉」を考案するために話し合う子どもたち
（2021年度，3年生）

　10年前の生野南小学校では，子どもたちの激しい「荒れ」に直面していた。しかし，厳しい状況のなかでも，教師たちは，「暴力をことばに［変える］」を合い言葉に，国語科教育研究に取り組み始めた。

　「文学教材」で登場人物の心に迫り，「説明文教材」の背後にある書き手の願いを読み取り，丁寧な言葉で「話し合い」に参加する。そんな「ことばの力」を育てるために，各年度，各学年での研究授業が進められていった。

　本章では，国語科教育研究に取り組んだ教師たちの願いを紹介するとともに，研究開発のプロセスを概観する。

第1節　なぜ，国語科研究なのか

1 「心」を変える，文学教材の読解

　生野南小学校の国語科研究では，2014年，学習指導要領ではなく，生徒指導提要を熟読することからスタートした。国語どころではない，それが当時の実態のすべてを物語っている。旧『生徒指導提要』（文部科学省，2010年）が示す教科における生徒指導の推進のあり方には，次のように示されている（概要）。

---

①授業の場で児童生徒に居場所をつくる
　　すべての児童が楽しくわかる授業を展開し，活躍の場をつくる。また，一人一人の児童がもつ課題を理解し，よさや得意分野を活かすようにする。
②わかる授業を行い，主体的な学習態度を養う
　　質の高い授業をめざし，自ら考え，自ら判断し，自ら行動しながら主体的に問題を解決していく能力や態度を養う。
③共に学び合うことの大切さを実感させる
　　互いの違いを認め合い，互いに支え合い，学び合う人間関係を醸成し，教科指導を通して思いやりのある心や態度を形成する。
④言語活動を充実させ，言語力を育てる
　　各教科の指導において，聞く，話す，読む，書くといった言語活動を充実させ，人権尊重の視点に立って豊かな言語環境を整えるようにする。
⑤学ぶことの意義を理解させ，家庭での学習習慣を確立させる
　　学習の仕方を授業の中で指導し，宿題の出し方についても工夫する。生活習慣とともに身についた学習習慣は，学力向上や情緒の基盤の安定化が期待される。

　当時，いつも攻撃の対象を求め，人を傷つけるという形で自尊心を満たしていた子どもたちが学年のリーダーに君臨していた。当然そこにいる被害者と傍観者に学校生活への充実感など保障できる状況ではなかった。せめて，どの子にも「学校が好きや」と言ってほしくて，上記の5項目をたどり，「生活指導にアプローチする授業」をつくること，それが，生野南小学校の教科研究のスタートであった。
　とにかく，「人を殴って面白い」という価値観を変えなければならない。その一心であったため，読解力や言語力を上げたいとか，ましてや学力テストの点数を上げたいなどの考えは毛頭なく，この荒んだ景色のなかにいる子どもたちの乾ききった心に，何でもいいか

ら学びという新しい価値観を猛スピードで蓄積していかなければならないとの思いだった。

　幼い頃からの読書経験の乏しさが物語る語彙力の低さ，そもそも読書の楽しさすら知らなかった実態，そして自分以外のだれか，いや，自分自身をも思いやることができなかったことを踏まえ，選んだ領域が「文学教材」であった。

　この頃は，指導案検討会の最中も，職員室からの内線がしょっちゅう鳴り響き，全員が終始座ったまま議論できるような状況ではなかった。内線が鳴るたび「たとえ授業者と2人きりになっても，この研究を絶対に止めない」と固く誓った。授業者が保護者対応等でへとへとになり，準備がままならなくなったときのバックアップ体制を強化し，孤独なチャレンジとならないよう心掛けた。子どもたちの荒れに最前線で向き合い，教壇に立つことへの精神的なプレッシャーが大きかった時代だったからこそ，授業が終わったとき，子どもにも授業者にも笑顔と喜びを提供できる研究でなければならないと考えた。

　絵本作者が紡ぐ温かいメッセージを自分一人の力では読み取れない子どもたちを，何とかして物語の世界に連れていきたいと手段を選ばず編み出した読解方法の数々は，後の国語科研究や「『生きる』教育」の随所で光ることになる。いわゆる，どこまでも子ども目線で生み出す，生野南式教材開発である。

　サイドラインを引くというシンプルな技法であっても，意図を明確にし，キーセンテンスをどのように扱うかによって，その効果は多岐にわたる。45分間の授業を学力差に関係なく全員が楽しめるように，読解時間を家庭学習で保障できるような宿題を工夫した。絵本やICT機器などを駆使し，読解の誘い水となるよう視覚に訴えかけると，子どもたちは一瞬で前のめりになる。子どもの読解と，本文とを照らし合わせる意味で取り入れた劇化は，やがて行間を読む手法へと変わっていった。本文にはないことを，30人いたら30通り思い描ける面白さを知ることで，子どもたちはどうしてもそれを友達に伝えたくなる。「うざい」「死ね」が，あいさつがわりだった子どもたちの「ことばで伝えたいこと」が変化する，まさに授業によって「心」が変わる瞬間を，子どもたちからたくさん見せてもらった。

図 序-1-1　教材開発に全職員で取り組む

2 「ことば」を変えた，説明文教材の読解

　2017年度から3年をかけ，説明文教材の読解を授業研究の柱とした。子どもたちにとって説明文とは，永遠に字面が並ぶ難しい文章でしかなかった。当然，指導書通りにはでき

ない。文学教材で見いだした読解方法だけでは太刀打ちできない部分を追求するため，指導書の展開だけでは不十分なところを洗い出し，そこへのスモールステップを組み立てるようにした。

1．試行錯誤の１年目──指導書の隙間を埋めるには

　おそるおそるスタートした１年目，実践のトップバッターは５年「動物の体と気候」であった。当時の指導書には，「文章構成図を活用しながら，書かれている内容を読み取り，その要旨を的確にとらえることをねらいとしている」と，さらっと書いてある。単元の序盤で，序論・本論・結論を読み分け，さらにそれぞれの段落を事実・理由・具体例に子どもの読解力で分けなければならない，遠い道のりであった。

　まず，本文の内容をしっかり理解するために，「文章構成」ではなく，「登場する動物」を中心に，書かれていることを図式化することから始めた。たとえば本文に「同じ体積の体であっても，体の出っ張り部分が少なく，体形が球に近いほど体の表面積は小さくなる。」とあるが，もう，この意味がわからないのだ。したがって，本文に出てくるすべての動物の写真を資料として提供し，そこに矢印や吹き出しコメント，絵や図を描き加えていくことで，本文を忠実に再現していくようにした。体の出っ張り部分のありなしによる表面積の違いを，みんなで一緒に絵を描いて確認したことを覚えている。書かれていることを，そのまま頭の中で描けず，自身の読みを一度アウトプットして確認する必要がある，これが生野南小学校の子どもの読解力の最大の課題であった。だから指導書が示す展開では一段階足りず，一握りの子どもしかついていくことができなかった。

　一文一文を指でたどりながら，隣の友達と対話し，個々の読み取りを画用紙いっぱいに描いていく姿に，これは国語科としてよいのだろうかと戸惑いもあったが，手段を選ばず読めたらよいと前に進んだ。この作業がいつか頭の中でできるようになることを願い，次年度以降も，難しい高学年教材を読み取るための初めの一歩として続けることとなる。

　文学教材では，読み取ったことを伝え合う手法をとっていたが，説明文教材では，読解の過程で対話が生まれる「しかけ」を敷くことで，対話しながら読み取る手法が確立されていった。それが，後に示す「文パズル」「段落パズル」や「シンキングツール［思考ツール］」「動く教具」「動作化からサイドラインを引くこと」などである。

　子どもたちは授業者が設けた「しかけ」を楽しみながら，説明文という難解な文章を読み取っていった。そんな「しかけ」を作る授業者のアイデアにはいつも，子どもたちを想う心があった。それは，読解の系統を明らかにしていく次年度以降の研究の基盤となる。

2．読解の基礎

　2018年度は，全学年で「読解の基礎領域」に取り組むことで，「主体的な学び」「対話的な学び」「深い学び」という視点で縦のつながりを整理した。扱った教材がすべて人と自

然というテーマであったことから，命を守ること，命をつなぐことについて，書き手が伝えたかったことは何か，意図に迫る展開がみられた。

●**主体的な学び**

　ここでは，「主体的な学び」を「読みの構え」と「大切な言葉への着目」ととらえた。

　「読みの構え」として，初読の際に目的意識をもてるよう，写真などを用い，教材のテーマについて今知っていること，知りたいことを整理し，全体で共有する時間を設けた。それに加え，高学年では序論と結論だけを読み，本論の内容を予想させるような読み方も取り入れた。また，長い文章の全体像をとらえるため，各形式段落に小見出しをつけ，常に掲示することで，今どこを読んでいるのか，いつでも確認できるような工夫も図った。

　学年ごとに，大切な言葉や文を定め，サイドラインを引いたり色別にマークしたりするなど，1人で読み取る際の手がかりを明確に示し，答え合わせの場を保障した。全員が本文を正しく読んでいるか，1人も取りこぼさぬよう一度立ち止まり，丁寧に確認する時間を設けたことが，後の対話的で深い学びにつながる。

●**対話的な学び**

　低学年では，問いと答えで成り立つ文章の仕組みや，文章が展開していく順番を，音読方法や黒板掲示の色分け等で単元の初めからしかけておく方法をとった。また，挿絵をフル活用し，ペープサートにしたり，場面ごとに文章と照らし合わせながら並べ替えたりするなど，子どもが体全体を使って自身の読解を表現し，思わず友達と意見交流してしまうような，楽しい言語活動になるよう工夫した。

　高学年では，登場する生き物に関する説明に加え，第三者の視点，つまり書き手の視点で意見が述べられている部分が浮き彫りになるような読解方法をとった。書き手は，一番伝えたいことを伝えるために，読者が読みやすい文章構成を工夫しながら，事実を丁寧に説明している。一見淡々とした文章に隠された書き手の思いにたどりつくために，構成のパターンとその意味を子どもが自ら気づくことができる展開や主発問は何か，そんな議論がこの年の検討会では何度も重ねられた。

●**深い学び**

　文章構成をとらえることをゴールとはせず，授業の最後には創造的な時間も設けた。この一さじのユーモアは授業者の愛情だと筆者（小野）は考える。「たんぽぽがしている命をつなぐ工夫とは？」「昆虫の身の隠し方をグルーピングし，あだ名をつけよう！」「イソギンチャクは本当に気持ちいいの？」「イースター島の木を切りつくさずにすんだ方法とは？」など，想像でありながらも，読解にもとづいた議論をしている子どもたちに，「説明文は字面が並んだ難しいもの」という考えは無くなっていたのではないだろうか。

3. 比較読み

　2019年度は，2つの文章の共通点と相違点を見いだすなかで，違いには意図があり，言

葉や文は，その意図をもつ「人」が生み出していることに気づいた。そして，一文の背後には書き手が読み手を想う「心」があり，心を伝える大切な「ことば」がたくさんあることを，われわれ教員も子どもたちと一緒に学ぶことができた。

●生活体験を国語科の授業へ

「比較読み」領域で扱われている題材は，看板や本，お便り，広告と説明書，新聞など，日常生活に身近なテーマであった。したがって，前年度以上に「読みの構え」をもつ時間を充実させるよう工夫した。「ふろしき」そのものに触れたことのない2年生には，実際にふろしきを使った用途の体験をさせた。2つの保健だよりを読み比べる3年生では，学校だよりや学年だより，給食だよりなどを読み直すことで，書き手にスポットを当てるようにした。広告はおろか説明書など，手に取ったこともないであろう4年生には，ありとあらゆるチラシと説明書を集め，グループで読み合う時間を設けた。5・6年生では，新聞の全ページを使って，ゲーム形式でその構成をとらえるようにした。

日常から抽出したテーマは国語科の授業を経て，言語力という形で再び日常に戻したい。そんな願いも込めて5本の授業をつくった。

●共通点から相違点を読み取る

2つの文章の「共通点を見つけなさい」と指示しても，すぐにできるわけがない。そこで，高学年では各段落を1文ずつに区切ったものを対にして読み取り，表現の仕方や根拠の述べ方の違いに気づくような展開とした。中学年では，比べる両者の質に深く迫るようにした。「ほけんだより」に使われている図と表の効果を本文に沿って言語化したり，説明書の項目名を内容から予想したりすることを，グループワークとして取り組んだ。

高学年から順に実践を進めていった結果，2年生の子どもたちに共通点という概念がないという壁にぶつかった。しかし，本の文章にはカードと同じ文が含まれている。まずそれを見つけることを文の量と質の違いに気づくきっかけとし，本の文章はメモをどのように膨らませているのかを読み取っていく。これは後の「話す・聞く領域」でよく行われる，メモと発表原稿とを比較読みする際に活用することになる。

●書き手の「心」に迫る

国語科の授業から日常へ。ここが，その場面にあたるのではないかと考える。子どもたちには一度，書き手の立場に立ってもらう。お店の人，本を書いた人，保健の先生，体温計をつくった人・売る人，新聞記者・読者，それぞれの立場から想像する「だれのために何のために」という書き手の心中に思いをはせ，読み取ったことを根拠に話し合う。

伝えたいことを伝えたい人に正しく伝えるためには，言葉の一つ一つにこだわり，文章の構成を工夫する必要がある。物事への情熱や，相手へ思いやりをのせることができる「ことばの力」の素晴らしさを説明文から読み取ることができた，3年間であった。

第2節　「ことば」が可能にしたこととは

　かつて，子どもたちにとっての言葉とは，人を傷つけたり自分が否定されたりする凶器のようなものであった。暴言を吐くか何も話さず心を閉ざすか，そのどちらかであった。国語科における授業研究は，子どもたちの心を伝えたいことでいっぱいにし，伝えたい人に正しい言葉で伝える力を身につけさせた。

　それは，自身の心を言葉で確認する力にもなり，孤独から解放されたり，心地よい距離感を保ったりすることを可能にした。心荒んだ子どもたちに，ただ寄り添うというだけではなく，確かな学力を身につけさせることの重要性を痛感するとともに，「傾聴」とは，自分の心を言語化できる子どもにのみ通用することにも気づかされた。授業に向き合う自身の「これまでとこれから」を考えると，教員として改めて責任を感じる思いである。

1 ▶ 読解力を言語力に

①読解力を活かして──「書く」「調べる」「話し合う」

　視点をもって文章を読み，投げられた議題について話し合うこと。2020年度は，これらの力が読解領域以外で，どんなふうに生きてくるのかを検証した。

　5年生の短歌をつくる単元では，指導書に「生活の中で心が動いたことや，その場面の様子が伝わるように言葉を選んだり，言葉どうしの組み合わせを考えたりして，表現を工夫しながら学習できるようにしたい」とある。「書く」領域ゆえに，当然アウトプットに重点が置かれるわけだが，だからこそインプット，つまり短歌を読み取る時間と手法をしっかりと設ける授業展開とした。絵や文字を言語化し，言葉をつなげ，グループで一つの短歌を作ることで，5・7・5・7・7のつながりを意識する。読解と話し合いを経た授業終盤には，1人で一首詠みたくなっている。1年後，この学年が詠んだ卒業短歌には，個性あふれる歌が並んでいた。

　3年生の百科事典を活用する実践では，比較読み・ICT機器を使った教材提示・話し合うこと・深い学びへつなげるしかけなど，これまでに編み出されたスモールステップの数々が適材適所に散りばめられた授業であった。5年目の授業者が織りなすユーモアあふれるテンポの良い授業展開と，集中して学習している時間以外，笑顔しかない子どもたちの姿に，これまでの研究活動が走馬灯のように思い起こされた。

　授業者である辻田和也教諭とは，彼が新任の頃から，めあてを出すまでに2時間をかけるような模擬授業を何度も積んできた。この授業は，企画から練習まで彼一人でやってのけたのだが，妥協を許さない授業づくりへの真剣勝負は，子どもたちをこんなにも夢中にさせるものかと感嘆した。経験年数など関係ない。情熱に裏づけられた努力にこそ，子ど

もたちはついてくる。授業を生み出す苦しみと喜びが，彼の後輩にも届いてほしいと願う。

　6年生で取り組んだ話し合う授業では，この単元を選んだことを後悔するほど苦しんだ。これまで書き言葉として向き合ってきた言語が，消えて見えなくなる音声言語にうって変わった瞬間，友達が何を言ったのかを忘れ，自分の発言が日本語として正しいのかも評価できないのだ。ここで，会話を可視化しないとラリーが成立しないことが明らかになった。そこで書いて読み合いラリーするという読解に頼る形をとることにした。相反する意見をもったグループ同士で話し合うと，相手を攻撃するような内容になってしまう。それを避けるために言いたいことを一度書いてアウトプットし，まずそこに向き合う時間を大切にした。授業者はトゲのある言い方を「ハリネズミ」と表現したので，グループの話し合いでは，「これはハリネズミ？　違う言い方にするとどうなる？」などのやり取りが飛び交い，音声言語に向き合い，整えるための学習活動として，答えの一端をみた。この試行錯誤は，次年度の研究に続く。

②読解力を伝え合う力に──　対話力・会話力の醸成

　2021年度，生野南小学校閉校の年，「暴力をことばに［変える］」という7年越しの願いに具体的に応える授業実践がようやく実現した。その頃には，校内暴力などはほとんど見られなかったが，読んで読んで読んで……，インプットして語彙を広げ，書いて話してアウトプットすることで，本当の意味で日常に生きる言語力を育てる，その難しさと尊さを実感せずにはいられなかった。

　最後にたどりついた「話す・聞く」領域，ここでもやはり読解からスタートする。まず，教科書に示される会話文をしっかり読み取る。読む視点を焦点化するためのサイドラインや動作化，キーワードの穴埋め読解など，本校がずっと取り入れてきた方法を用いる。低学年は，会話文の構成からお話をつなげるコツをとらえ，中学年以上は司会と参加者両方の視点から読み取る。とくに，話し合って何かを決定する場面では，多数の意見が1つにまとまっていく様子を図式化しながら読み取り，そこから，自分たちも活用できるような，会話のチャート図を導き出す。どの学年でも，音声のみの会話ラリーに移る前に一度，本文を自身に置き換えて書き替えたり，動画を撮ったりすることで，自身の発言に向き合う時間を設けた。この年は，練り合う展開や議論の質にこだわったというよりも，発表原稿や話し合い台本を用意することで，子ども一人一人が，書き言葉を話し言葉に置き換える力をつけることに重点を置いたことになる。試行錯誤しながらではあったが，話し合う際に必要な視点として，次の4点が明らかになった。

❶話し方の習得方法を明確にすること（教材の会話文から方法をインプットする）
❷話すことを生み出す方法（自身の考えを書いてアウトプットする）
❸話し言葉をつくる方法（書き言葉を話し言葉に変換する）
❹話し言葉に向き合う方法（音声言語として実際の対話・会話にのせる）

　単元の導入段階では自分の意見を通すことで精一杯だった子どもたちも，会話の技法とともにモラルをも会得し，温かい言葉を届けることの大切さや，相手を受け入れることで思考が広がる楽しさに気づくことができていた。それは「話す力」のみならず「聞く力」ともなった。

　しかし，これほどまでに指導書の展開にスモールステップを付け加えた年はなかった。スモールステップは，取り外して初めてゴールとなる。8年間の国語科研究の成果とともに，子どもたちの生きた言葉で話し合うことの難しさを突き付けられたラストイヤーは，ゴールではなく，新たなスタートの年となった。編み出したスモールステップの数だけ宿題を出されたようだった。この問いの答えは，統合先の小中一貫校で探し続けることになろう。

② 人生を楽しむことができる「学力」へ

　2019年度，全国学力・学習状況調査で初めて国語・算数の点数が全国平均を上回った。2021年度の大阪市学力経年調査でも，学校としての標準化得点が＋1.46と匍匐前進のようではあるが，少しずつ力をつけている。

　赴任当初，ボクサーのように友達を殴っていた子どもが作文を書き続けていた姿。研究初年度，授業妨害を繰り返していた6年の子どもが，社会科の授業中わずかの角度で挙手をしていた姿。先の見通しなど何もなかったが，そんな子どもたちの姿から，環境や生い立ちに関係なくすべての子どもが平等にもつ知的好奇心を信じ，そこに賭けようと決意した。

　恥ずかしながら，筆者が学力を数値として意識できるようになり，分析しはじめたのは2016年度からだ。同時に，本校でつけたい学力とは何かということも考えるようになった。まだまだ「学歴社会ではない」とは言いきれない日本で，子どもたちに待ち受けているのは受験という自己との戦いだ。生い立ちや環境から，その自己（アイデンティティ）が揺れに揺れ，いざという時に戦えぬまま折れていく卒業生を何人も見てきた。しかもそれは，小学校では授業中よく手を挙げて発表していた子たちだ。そんな現実を目の当たりにしながら，「『生きる』教育」同様，小学校で何ができるのかを問い続けている最中ではあるが，せめて，知ること・学ぶことの喜びを授業のなかで存分に経験させたいと思う。かつての荒れた子どもたちは，読んだり書いたり調べたりする力をつけ，言語力だけではなく，「知」が積み重なっていく安心感を得たのか，一度立ち止まってみたり，時には一歩引いてみたり，物事を俯瞰して見つめる力をつけていった。暴言や暴力などといった本能を抑える理性を育てるのも学力だと筆者は思う。

　生野南小学校最後の卒業生は，1年生のとき，元気いっぱい「スイミー」を演じ，2年生の「あなのやくわり」で文の仕組みを議論した。3年生で「自然のかくし絵」の要約文を見つけ，4年生では「広告と説明書」で，たくさんのチラシと説明書を読み込んだ。5年生では対話を通し短歌をつくり，6年生ではその対話ラリーの継続を追求した。そんな

卒業生が最後の恩返しとして取り組んだ「6年生を送る会」での出し物が，本研究の成果ではないかと感じた。

　子どもたちは，クイズ・漫才・ダンス・走ることなど，個々に得意な分野を持ち寄り，バラバラのスタンツを一つのパフォーマンスとして作り上げていった。大阪の子らしい，ボケとツッコミも織り交ぜている。筆者は，担任として裏方と見守りに徹していたが，子どもたちは，相手に伝わるように，喜んでもらえるように発信するにはどうすればよいか，ひたすら話し合っていた。学級で行われるお楽しみ会とは段違いの仕上がりに，会は大盛況に終わった。こういうことがしたくて，毎日を楽しんでほしくて言語力をつけたかったのだということに気づかされた。教員として，学力を表す数値と向き合いながら，ではあるが，毎日の授業のなかで，子どもたちが人生を楽しむことができる力をつけていきたいと思う。子どもを大切に思う気持ちは，授業をつくる際の，そんなひと手間で表現したい。

　楽しい気持ちを言葉にできることは，友達との時間を豊かにする。悲しい気持ちを言葉にできることは受援力につながる。記憶を言葉にできることは心の治療のきっかけとなる。キラキラした目をして，たどたどしい日本語を話す子どもたちに，もっともっと「ことばの力」をつけていきたいと，心から願う。

　8年間，田村先生のご指導のもと，約50本の授業をたくさんの先生方と一緒に紡いできた。悩んで悩んで生み出して，また悩んで……。でも，子どもたちの懸命な横顔に救われてきた。「わかった！」という子どもの笑顔が見たい，ただその一心で，ひたむきにつくってきた，飾らずとも温かいすべての授業が，生野南小学校の宝物だ。

　閉校近づく3月。職員室前の掲示板には，感謝の言葉が書かれた桜の花びらでいっぱいになった。さみしさもにじませながら，「ありがとう」であふれ，「ことばの花」が満開となった。

　今改めて，授業の力を信じる。

図 序-2-1 「ことばの花」の掲示板

「ことばの力」を育てる
—— 読むために話し合う，話し合うために書く ——

小野太恵子・田村泰宏

新聞記事を「比較読み」する授業（2021年度，6年生）

　本章では，生野南小学校における実践の具体に迫るために，3つの実践を取り上げる。

　単元「ごんぎつね」においては，「ごん」の「気持ち」によって色分けしたサイドラインを引き，それぞれの読み取りを交流するなかで，複雑な心情を読み取っていった（第1節）。新聞記事を「比較読み」した授業では，段落ごとの記述を細かく分析することで，書き手の「心」に迫った（第2節）。単元「話し合って考えを深めよう」では，A案チームとB案チームで意見を交わすことで思考を深め，とっておきのC案にたどりつくことができた（第3節）。

第1節 物語の読解から始まる「心を育てる国語科教育」
―― 学習活動への一工夫が深める「ごんぎつね」の読み〔4年〕

田村泰宏

1 「心を育てる国語科教育」をめざして

1. 人の心は物語から学ぶ

「暴力をことばに［変える］」――教師たちの，この強い気持ちが契機となり，生野南小学校の国語科教育研究は始まった。

いわゆる生活指導の場でやりとりされる言葉には，限界がある。どれほど粘り強く諭そうが，すさんだ子どもの心には響かない。いっそ原点に立ち戻って，子どもたちの心に「ことば」の種をまこう――そう考えたとき，自ずと意識されたのは，やはり国語科の学習指導を大切にすることであった。

「心を育てる国語科教育」には，物語の読解学習がふさわしいと，生野南小学校の教師たちは初心に帰り，2014年以降3年間をかけて物語文の授業づくりに取り組んだ。作品を子どもたちの心につなぐために力を合わせて教材研究を繰り返し，人の心を言葉でとらえる体験を子ども同士が共有する学習活動の創出に挑んでいった。

以下に紹介するのは，2016年10月，中尾悦子教諭が「ごんぎつね」（新美南吉，東京書籍『新しい国語』4下，2014年検定）を教材に取り上げて実践した研究授業である（全13時間）。研究開始から3年目を迎え，すでに子どもたちには，物語世界を楽しみ，味わう力が育ちはじめている。しかしながら，ともすれば，なお感情を力で訴えようとする子どもたちに，気持ちを言葉で表現し，友達の言葉を聞こうとする姿勢を育てるためには，話し合う力をさらに育てる必要性が強く感じられた。教材研究で追究した「読み」の深さを，子ども同士が言葉を響かせ合うなかで伝えるには，どのような学習活動を仕掛ければよいのか。教師たちが模索した工夫がどのように子どもたちに届いたのか，報告しよう。

2. 考えを確実に形成し交流する学習活動を軸に

まず，中尾教諭がどのような構想で授業に臨んだか，紹介しておきたい。

中尾教諭は，学習指導案の「児童観」に次のように記している（以下，引用文中の下線は引用者による）。

> 学級会などの話し合いの場では，友達の意見を聞き，その内容を踏まえて自分の意見を適切な言葉で伝えることができる児童もいるが，<u>大きな反論がなければすんなりと受け入れてしまう児童が多い</u>と感じている。……『走れ』では，母親が仕

事で運動会に来られないということに対する中心人物「のぶよ」の気持ちが，あまり理解できていない様子であった。……「仕事だから仕方がない。」といった反応が目立ち，あまり「のぶよ」や「けんじ」の気持ちに共感しているとは思えなかった。……最後まで「あまり好きな話ではない。」という児童の意見もあった。

中尾教諭は，子どもたちの日常の学校生活から，鋭く実態を受け止めている。物分かりがよいのは美点かもしれないが，人の気持ちを言葉できちんと受け止め，理解してのことではない。子どもたちの生きる力の育成を考えてみれば，決してないがしろにできる実態ではない。

続く「教材観」の欄に，次のように記されている。

本単元では，最後の場面の「ごん」と「兵十」について感想を伝え合う言語活動を設定する。……作品とじっくり向き合い，読む力をつけさせたい。また，感想交流を通して，自分と友だちとの感じ方の違いに気づかせたい。……

同じ場面を読み取っても，子どもたちはさまざまな思いをもつ。子どもの言葉の実態を受け止めたうえで，その心をもっとじっくり耕したいという中尾教諭の願いが伝わってくる。同時に，この願いは，本実践までの3年間の研究活動全般を通じて醸成されてきた生野南小学校の国語科授業観であることにも気づかされる。そこから，学習活動への一工夫が始まるのである。

「指導観」の欄に，次のようなアプローチが提起される。

……行動の微妙な変化や人物の言動に着目させその心情を読み取らせたい。そのための手立てとして，小さなものも含め児童が「ごん」の意志を感じた言動にサイドラインを引かせていく。サイドラインは，つかむ段階で，児童が感じた「ごん」の感情を書き出し，それぞれの感情に合う色を決めた。「好き＝ピンク」，「くやしい・あせり・つまらない・はらはら＝赤」，「さびしい・悲しい＝青」，「楽しい・楽しみ・わくわく・面白い・うきうき・うれしい＝オレンジ」，「不安・もやもや＝紫」と色分けした。日ごとに「つぐない」だけでない思いが芽生え，育っていることを感じさせたい。

最後の一文は，教材研究の成果として中尾教諭が読み取ったごんの気持ちの微妙な変化を，子どもにも感じ取らせたいという願いである。それが，子どもの言葉の生活を豊かにすることにつながる。サイドラインの色を，子ども同士が相談しながらカテゴライズした言葉に応じて変えることで，ごんの気持ちはとらえやすくなる。しかも，子どもが，自分の言葉で考えを表現しやすくなるとも考えた。着実に言葉で思考を進め交流し，ひいては人の心を深く読み取る力の基盤となる学習を展開したいと願ってのことである。

　単元目標には，子どもたちの心の成長への願いが映し出され，以下のような言葉が並ぶ。下線部にこの実践の特長がよく表れている（下線は引用者による）。

【単元目標】

> ○物語を読んで，中心となる人物とほかの人物との関わりについて考え，感想を伝え合うことができる。
> ・物語を読んで感じたことや思ったことを発表し合い，一人一人の感じ方に違いがあることに気づくことができる。
> ・中心となる人物の気持ちの変化について，本文中の叙述をもとに感想を書くことができる。

　単元目標の達成に向けて，全文通読，場面分け，場面ごとの精読と，学習指導が進められる。ごんの気持ちの読み取りに応じて，色を変えながらサイドラインをつけていく。子どもたちと考えたこの学習活動が授業展開の軸である。

②　心を育てる国語科授業の実際

1. 教材研究の成果が学習課題設定に生きる

　以下に，逐語記録をもとに研究授業の様子を記そう。

　単元中の第9時。お念仏の夜，つぐないが神様の仕業だと誤解されていると知ったごんが，何を考えたのかを話し合う授業である。中尾教諭はあえてこの場面を研究授業で取り上げた。教材研究の結果，単元終末の，山場についての感想を伝え合う言語活動を豊かに展開するには，さらにその直前のこの場面を，きちんと読み込んでおくことが大事だと気づいたからである。

　本時の学習目標は次のように設定されている。

【本時の学習目標】

期待して後をつけたごんが不満に思ったことを読み取ることができる。

　本時までに，各家庭での学習として，子どもたちは教材文からごんの感情が読み取れる箇所を探し，色を考えながらサイドラインをつけている。また，そこからどのような気持ちが読み取れるのかについて書き込んできている。これをもとに本時は，サイドラインの色やさまざまに思いついたごんの気持ちを交流することとなる。授業の導入場面を示す。

　　　T［中尾教諭。以下同］：前の時間，加助と兵十が歩いてくるのに気づいて，ごんは後について行ったんやなあ。ぼくがあげたことをわかってほしい，兵十はくりやまつたけのことをどう思っているのか，話を聞きたいなあ，明日またくりを持っていこうかなあ，いろんなことを考えながら，井戸のそばでしゃがんで待っていたんやなあ。
　　　　　今日は第7場面です。教科書第7場面のところ開けましょう。ごんは井戸のそばにしゃがんで待っていた。ごんが期待してたような話は聞けたかな？　ちょっとちがったよね。
　　　　　第7場面の最後ごんはどう思っている？
　　　　　はい，野村さん［児童名は仮名。以下同］。昨日サイドライン引いてきたところから読んで。
　　　野村：「おれにはお礼を言わないで，神様にお礼を言うんじゃあ，おれは，引き合わないなあ」で，引き合わないなあと思っています。
　　　　T：引き合わないなあと思っていたんやなあ。さあ，今日は，引き合わないなあと思いながら，また穴に帰ったときのごんの気持ちを想像します。［めあてを板書する］
　　　［子どもたちは，下記のめあてをノートに書く］

　　　〔めあて〕
　　　「引き合わないなあ。」と思った夜，ごんがあなの中で考えていたことを想像しよう。

　この場面で中尾教諭は，子どものとらえ方を確かめたうえで，本時のめあてを決めている。このように，物語の概観やキーワードを意識させながら，本時のめあてにつなぐ発問をす

ることが，正しく豊かに物語の読解を進めることにつながる。また，本時の「めあて」は，物語のなかで書かれていないごんの気持ちを想像するものとなっている。これは，物語の行間の読み，深い読みを求める課題となっていることにも注目しておきたい。子どもがそれぞれの心のなかで，ごんや兵十や自分と対話することを促す学習課題である。

2. サイドラインが学習を活性化する

　めあてをノートに視写し終わると，その後，次の囲みに示した段落の一斉音読をした。子どもたちの声から，本文を憶えるほど読み込んでいることがわかる。

【本時の学習場面冒頭の段落】

> 　ごんは，お念仏がすむまで，いどのそばにしゃがんでいました。兵十と加助は，またいっしょに，帰っていきます。ごんは，二人の話を聞こうと思って，ついていきました。兵十のかげぼうしをふみふみ行きました。　　（『新しい国語』4下, p.23）

　続いて，子どもたちが家庭学習で記入してきたサイドラインの確認に入る。学習指導案にあったように，「ピンク＝好き」，「赤＝くやしい・あせり・つまらない・はらはら」，「青＝さびしい・悲しい」，「オレンジ＝楽しい・楽しみ・わくわく・面白い・うきうき・うれしい」，「紫＝不安・もやもや」と，中尾教諭と子どもたちとが話し合いながら決めたものである。

図1-1-1　一斉音読の様子

> 　T：はい，本，置いて。さあ，今日もごんの行動，ごんのしたこと，動きに何色でサイドラインをつけたのか，そのときどんなことを考えていたのでしょうか？　発表してもらいます。
> 　　　はい，サイドライン引いた人……松田さん。
> 松田：「井戸のそばにしゃがんでいました」で赤，まだかなあ。
> 　T：赤，まだかなあ。［黒板に掲示した教材文にサイドラインをつけ，書き込む］
> 　　　ほか，どうですか……大野さん。
> 大野：「二人の話を聞こうと思って，ついていきました」で紫。おれの話，するかなあ。
> 　T：紫。おれの話をするかなあ。［板書にサイドラインをつけ，書き込む］

黒板には，教材文の拡大コピーが貼られており，中尾教諭は，子どもたちの意見に合わせて色を変えながらサイドラインとごんの気持ちを書き込んでいく。同じ一文について，二重三重にサイドラインがつけられ，書き込みもその分増えていく。（図1-1-2）

図1-1-2　授業終了時の板書

　中尾教諭は，何か一つの答えを正答として求めるのではなく，子どもたちから出された意見を，できるかぎり肯定的に受け止めていく。したがって，同じ一文を取り上げても微妙に異なる解釈が生まれ得ることが，次のように浮かび上がってくる。

T：ここ[「二人の話を聞こうと思って，ついていきました」のところ]，引いている人ほかにいるかな？　……中山さん。

中山：オレンジ。よし行くぞ。

T：なるほど。どんな話をするのか，オレンジ。よし，楽しみ。ここほかの色で引いている人いるかなあ。同じ色でもいいよね。木村さん。

木村：紫。不思議。

T：どう不思議なん？

木村：[黙り込む]

T：うん。不思議やねんな。ほかに引いた人いますか？　……加藤さん。

加藤：うれしい。

T：何色で引いた？

加藤：オレンジ。[中尾教諭，板書に書き込む]

T：ほかにいますか？　……足立さん。

足立：オレンジで，何を話すんだろう。

T：何を話すんだろう。うん，うん。ここ，おれの話をするんかなあ何の話をするんやろうかと話を聞こうとしてるやんか。ここ話を聞こうとしているところ，オレンジの線つけた人いる？　紫つけたよという人は？　ほかは？　[子どもたちが挙手する。オレンジが多い。紫は2名。そのほかはいない]

T：うん，ここは，ちょっと不安な心配なほうの紫と，楽しみなほうのオレンジと両方ある。

「二人の話を聞こうと思って，ついていきました。」この一文をめぐって，「オレンジ（「よしいくぞ」「楽しみ」「何を話すんだろう」「うれしい」）」と読み取る子もいれば，「紫（「おれの話するかな」「不思議」）」と読み取る子もいる。双方とも自然な気持ちであり，妥当な意見である。ごんの心のなかに並立していたとも受け止められる。中尾教諭は両方の意見を受け止め，「ちょっと心配」（紫）と「楽しみ」（オレンジ）の両方の気持ちがごんにあったことを確認した。このように話し合いをまとめていくと，木村さんのように，問い返されても考えを言葉にできずにいるような子でも，ほかの意見を聞きながら，ごんの複雑な気持ちのなかに自分たちの考えが位置づけられているのに気づき，理解を深めていくことになる。

同様に，前後しながら話し合いが進められ，「いどのそばにしゃがんでいました。」の一文については，「赤（「いつ来るのかなあ？　たいくつだなあ」「早く終わらないかなあ」）」，「オレンジ（「早く出てきてほしいなあ」）」という意見が出された。中尾教諭は，子どもたちに同じ意見かどうかを問いかけ，挙手で確認する（赤が多数。オレンジは3名。ほかはなかった）。ここでも授業者は，「早く来てほしいなあという気持ちと，楽しみやなあという気持ち」が両方あったとまとめる。板書への書き込みは，子どもたちの意見を反映して，どんどん詳しくなっていく。

図1-1-3　壁面掲示

授業ではさらに「ふみふみ」のところに議論が進み，子どもからは，「ピンクとオレンジで，兵十と遊んでいるようで，楽しいなあ」という意見が出された。教師は，壁面に掲示している拡大した挿絵を指しつつ，「昨日も見たね。兵十と加助の後ろ，もうこれやったら届くというところやったやんなあ。加助が振り返ったときにびっくりしたくらいやったなあ。かげぼうしふみふみいくくらいやったら，楽しいなあと思っていたかもしれませんね」と，場面のイメージが子どもたちに共有されるように支援した。

注目すべきは，場面冒頭の四文だけであるにもかかわらず，これだけさまざまな考えを引き出し得ているという点である。すでに家庭学習でサイドラインをつけてくるだけでも，子どもたちは次のような思考をこなしている。

①みんなで考えたサイドラインの色と感情を理解しておくこと
②ごんの感情を読み取ることができる文や語を見つけること

③ごんがどんな感情であったのか読み取ること

④サイドラインの色を決めること

⑤読み取ったことを文字化すること

　さらに，このように授業で交流すれば，同じ文でも読み手によって受け止めがさまざまで，そこに人の感情の豊かさや奥行きが見いだせることに子どもたちも自ずと気づいていく。中尾教諭は，人の気持ちの複雑さ，深さが理解できるようにまとめる。ごんの感情に応じてサイドラインを色分けするという着想が，人の気持ちを言葉できちんと考えることを促し，学習活動を深化させていった。

3. 考えの交流が深い学びを生み出す

　ここで，その後のごんの気持ちを想像して書く活動に入る。中尾教諭は，次のように発問した。

　「……さあ，もう行動はここまでと思うねんけど，そこで聞こえてきた加助と兵十の会話はどんなんやったやろう？　『さっきの話は』から加助が話を始めたけど，どんなんやったっけ。ごんはそれを聞いて引き合わないなあと思いました。今日は，引き合わないなあと思っていた夜にごんが穴の中で考えていたことを書いてください。はいどうぞ。……」

　中尾教諭は，子どもたちが，これまでの話し合いを活かしながら，しっかりごんに寄り添って気持ちを想像することができるよう，あえて兵十と加助の会話について補うことはしない。

図1-1-4　ノートへの書き込み

　発問を受けて，子どもたちは，一斉にノートに書き込みはじめた。子どもたちがじっくりと考えて書けるよう十分に時間を取っている。

　子どもたちが書き終えたタイミングを見計らって，次のように話し合いが始まった。

　　　Ｔ：書けた子，手を挙げてください……久保さん。

　久保：しょうもないなあ。なぜ神様だと思うんだろう。ぼくがやってると気づいてくれ。毎日毎日兵十にいっぱいあげている。なのに，なぜそう思うんだろう。

　　　Ｔ：なるほどなあ。なぜ神様だと思うんだろう？　……森田さん。

　森田：ぼくが持っていっているのはぼくしか知らない。ぼくが持っていっていることに気づいてほしい。せっかく持っていっているのに。でも，くりやまつ

たけを持っていかないとつぐないにならない。

　T：くりやまつたけを……何?

森田：持っていかないとつぐないにならない。

　T：やめてしまったらということ?　ほお。うん。吉本さん。

吉本：おれじゃなくて，なんで神様にお礼を言うんだろう。おれじゃなくて神様な
　　　ら毎日お礼を言わなくてもいいよ。早く気づいてもらえたらいいなあ。

　T：なるほど，早く気づいてほしいなあ。何で神様にお礼を言うんだ。

　ここでも，中尾教諭は，子どもたちから出される意見を箇条書きの形で丁寧に板書する。この場面における子どもたちの受け止めは，「気づいてほしい」という点では重なるものの，久保さん，森田さん，吉本さん，それぞれにそこで終わる単純な考えではない。しかも，それぞれ個性的ではあるものの，共通して，次のごんの行動を後押しするという理解につながるのである。

　子どもたちから出された意見を肯定的に受け止める中尾教諭の指導の蓄積から，子どもたちはどんな意見でも安心して発言できる教室となっている。したがって，この場面でも，子どもそれぞれの個性あふれる考えが次々に発表される。「喜んで食べてくれてよかった。けど明日もあるよ。ぼくだと気づくよう手紙をあげようかな。喜んでくれててよかった」といったおおらかな考えをもつ子。また，次のように，ほぼごんになりきってその腹立たしい気持ちを述べる子もいた。先の「二人の話を聞こうと思って，ついていきました」のところにオレンジ色（楽しみ）のサイドラインをつけ，「よし行くぞ」とごんの意気込む様子を読み取った中山さんである。

中山：おれにお礼じゃなくて，神様にお礼を言うなんて最悪だよ。神様にお礼じゃ
　　　なくておれにお礼しろよ……。

　T：もう少しある。ちゃんと読んで。

中山：神様にお礼なんて最悪だよ。おれにしろよ。

　T：怒ってんの?　落ちこんでんの?

中山：怒ってる。

　T：怒ってんねんな。ああ，グー挙がってる。(「グー」は，賛成，共感を表すハン
　　　ドサイン。)中山さん，続けて。

中山：親切と思ってもらって仲良くしてもらうまで渡すぞ。帰るときにぼくがきた証拠を置いたらいいのかな。神様がくりやまつたけを持ってくるわけな
　　　いよ。

028

> T：ほー。怒ってんの。仲良くなるまで渡すぞ。それから，証拠を残しといたら
> いいかな。

　中山さんの受け止めを聞くと，ごんの心に深く入り込んで考えていることが感じられる。この子ならではの表現は，サイドラインの色分けや書き込み，適時適切に行われる中尾教諭の発問・助言によって引き出されたものである。

　話し合いは続き，順に次のような考えが交流された。それぞれよく考えているうえに，考えに子どもの個性が表れている。

○おれの話をしてくれると思ったのに。

○おれがくりやまつたけを持っていっているのに，それに気づかないのは失礼だ。神様じゃなくてわしだよ。

○加助があんなこと言わなかったら。神様になりたい。

○くりやまつたけを持っていかなかったら，兵十が神様じゃないのかとわかるから，何日か持っていかなかったらぼくだとわかるかなあ。次兵十の家に行くときおれがくりやまつたけをもっていってるってわからせてやる。今度しかってやる。

○引き合わないくらいでやめたらつぐないにならないからなあ。どうしよう。気づいていると思ったのに。もしやめたらどんな反応するんだろう。自分だって気づいたら引き合うのに。でも，喜んでくれてるからうれしいなあ。

　嘆きあり，腹立ちあり，工夫も見られ，自分で自分を納得させる姿まで見えてくる。複雑である。なかには次のようなやりとりもあった。

> 小山：なんだ，面白くないなあ。おれがくりやまつたけをあげてるのに。
> 　T：まだまだ書いてんで。それでいいの？　なあんだ，面白くないなあ。ほー。
> 　　　はい，小山さん。
> 小山：おれがあげてるとわかってもらえるまで渡そう。おれがいたずらをしてうなぎをとったから持っていってるのに，神様だなんて。
> 　T：ほう，これは怒ってんの，悲しんでんの，どういう気持ち？
> 小山：……？
> 　T：ちょっとわかれへん？　わかってくれるまで渡そう。

　小山さんは，自分で自分の考えを説明しにくそうではあるが，十分深くごんの気持ちをくみとることができている。小山さんに代わって言えば，「不満に感じるけど，自分のした

ことを考えてみればつぐないは続けないといけない。ひょっとしてわかってもらえる日は来ないかもしれないけれど，続けていれば，そのうちに気づいてくれるよ」というくらいか。とても怒りや悲しみといったカテゴライズされた言葉で表現しきれる感情ではない。本時のめあてに込められた，物語の行間の読み，深い読みまで体験させることが達成されたのではないかと感じる。

　話し合いのまとめとして，中尾教諭は箇条書きを次のように読み上げた。

　「思ったとおりの答えが返ってこなくて，ごんは穴の中でこんなことを考えていました。ああ，気づいてほしいなあとか，もうやめてしまったらなあ，つぐないにならないなあとか，何で神様なん，加助があんなこと言わなかったらとか，明日もある，手紙と一緒に証拠を残そうとか，次気づかせてやるとか，そんな言葉で考えていましたね。ぼくってわかってほしいなあ，でも喜んでくれていることはわかったなあ。そんなことを思っていました」

　一人の考えだけでは，このようなまとめには至らない。これが子ども同士が考えを交流し重ね合うことの意義である。とくに，「走れ」（東京書籍『新しい国語』4上）を読んでも「のぶよ」や「けんじ」の気持ちに共感を示せなかったこの学級の子どもたちが，これだけごんの心に皆で深く入り込むことができたのである。確かで豊かな物語の読解学習へのステップを一段上ったといえよう。

4.「深い学び」を導く学習活動への一工夫

　最後に，次の日ごんが，やはり兵十のうちに出かけたことを確かめたうえで，自分ならどうするか，理由とともに考えさせた。黒板掲示用のシートに考えを書くようにして，仕上げたら学習班で交流。その後，全体で交流し，翌日最後の場面を読むことを知らせて授業を終えた。

　自分も，ごんのように行くのかどうか，子どもたちは次のように考えた。

図1-1-5　考えの交流場面（小グループ）

　　○行く。兵十のことが大好きだから。ぼくがうなぎをとったから，もっと持っていかないと。

　　○好きな人を悲しませてしまったから，人間が神様を拝んだとしても，わるいことしていないから，やろう。いつか気づいてくれるから，気づいてくれるまで置いておこう。

　　○神様にお礼をされたけど，兵十に気づいてほしいなあ。

　　○好きだからくりを持っていった。兵十と友達になりたいからくりを持っていったと思う。

子どもたちが「自分の気持ち」として考えたこれらの言葉には，本時の学びの成果が生きている。「好きな人を悲しませてしまったから，人間が神様を拝んだとしても……」とは，報われずともつぐないを続けることが自分の気持ちに対する誠実さだということであろうか。「神様にお礼をされたけど」という限られた言葉にも，この思いは通じる。「ごんぎつね」から，子どもたちは，人の気持ちの起伏や相手への思いやり，あるいは誠実な気持ちの大切さに気づいたことがうかがわれる。

読むこと，書くこと，話し合うことのそれぞれの言語活動をうまく響き合わせた結果，色別サイドラインを手がかりに，このような考えを形成し得た。学習活動への一工夫が，子どもたちの深い学びを導いたといえる。

③　心の成長を支える言葉の学び

改めて，この授業を振り返ってみよう。授業の終わりに書かれた子どもたちの記述からは，それぞれに，ごんの複雑な心情を共感的に理解していることがうかがわれる。

さかのぼって確かめてみれば，このような読み取りができたのは，ごんの心の揺れを，丁寧な話し合いで共有したからである。気づいてほしい気持ちとつぐなわねばという気持ちの葛藤。また，気づかれなくても，謙虚に「喜

図1-1-6　考えの交流場面（全体）

んでくれててよかった」と考え直したり，「やめたらつぐないにならない」と自分を励ましたり，なかには「しかってやる」と強い気持ちを表したりする。授業での話し合いにおいては，実に多彩な角度から，豊かにごんの気持ちを受け止めることができている。

さらにさかのぼれば，このような共有は，子どもたち自身がサイドラインの色分けを判断し，その解釈を自分の言葉で表すことによって，深い読みに導くという学習活動への一工夫があったからこそ実現したものである。サイドラインを色分けした時点で，多様な考えが認められる安心感を子どもたちがもったということでもある。国語の授業が心を耕す1時間であった。

「心を育てる国語科教育」へのこだわりが，学習活動への一工夫を生む。それが登場人物の心をしっかり読みこむという言葉の力を育て，深い学びをリードし，ひいては子どもの心を育てる。研究の歩みのなかでは，この研究授業「ごんぎつね」が一つの道標となり，続く実践を開いていくこととなった（第2章第1節参照）。

第1章 解説①

考えの形成と交流で
心を育てる物語文の授業
——納得の学習活動が学びの方略に

田村泰宏

言葉の学びを通して心の成長を促したい。このような願いで国語科授業に臨むとき，授業づくりのどこに，どのように焦点が合わせられるのか，以下考察してみよう。実践を再現するときの手がかりにできればと考える。

1.「この子たちにこの学びを」という願い

中尾悦子教諭は，本実践の2年前に「ごんぎつね」の最後の場面で研究授業を行っている。本実践では，その直前の場面を取り上げた。

この選択には意味がある。確かに物語の展開から考えれば，大切なのは山場である。ただ，そこに至るまでの登場人物の行動や心情の変化がしっかりイメージできていなければ，最後の読みも深まらない。子どもたちの言葉の実態から，人の気持ちを正確かつ深く受け止めるようになってほしいという切実な思いが生まれる。その思いが，研究授業の場面選びにも表れるのである。「この子たちにこの学びを」という強い願いである。

2. 教材研究の成果を活かした論理的な読解を進める授業

最後の場面で兵十は，「あのごんぎつねめが……」と呼んでいたのを「おまえ」に変える。兵十が「土間に，くりが固めて置いてある」のを見つけたからである。ごんは「置く」という行動に「固めて」という気持ちを込めた。しかし，前の場面でごんは「引き合わないなあ」とつぶやくだけであった。

「引き合わない」と「固めて置いてある」とがどう矛盾なくつながるのか考えることこそが，この「ごんぎつね」の，"単元として"の山場なのである。

中尾教諭が教材研究を深めたことで，「山場をしっかり読ませるためには，直前の場面を読み込むこと」という着想が生まれた。さらにその底には，物語文こそ論理的に読めるようにしたい，人の気持ちを正確に深く豊かに受け止めるようにしたいという思いがある。この教材研究が，子どもの心の成長を促す。

3. 教材研究の成果共有は教師の学び

研究授業に先立って事前研究会を開き，中尾教諭の読み取りや学習活動の着想を起点に検討を重ねながら，教師たちがそれぞれの読みを共有する話し合いを行う。教師も「言葉学びの体験」をするのである。生野南小学校では，授業研究会がこのように実施されることが慣例となった。もちろん授業者も言葉の学び手であることを自覚し

て授業に臨むことになる。

　学校現場で子どもから，時に教員からも，「国語って，何を勉強するのだろう？　読めばわかるのに……」という質問に出合うことがある。これには，「実は，わかったつもりかもしれません。ただ，この"わかる"はあなたの今の言葉の範囲内での"わかる"で，もしかしてさらに深い"わかる"があるのかもしれません」と答えるようにしている。言葉学びに，大人も子どもも関係ない。だからこそ，心がわくわくする授業が生まれる。

4．考えの交流は国語科授業に不可欠

　事前研究会を経て，教師は「ぜひ，この教材研究で得た学びの体験を，子どもたちにも積み上げさせたい」という願いをもつ。自ずと授業でも，子どもそれぞれの考えを交流することに指導の力点が置かれる。

　授業記録からわかるように，よく似た意見や，異なる立場からの考えが引き出される。立体的に重ねていくことで，登場人物の複雑な心境を正確に深くなぞることになる。したがって，最後の山場の読みも深まる。

　「ことばの力」の伸びは自覚しにくい。書字能力の伸びや語彙の広がりを感じるくらいで，言葉でこんなに考えることができるようになったとは感じにくい。ただ，授業者が，多様性を認め，かつ普遍性を追究していく姿勢で授業に臨めば，子どもは，新たな考えに出合いながら自らの「ことばの力」の伸びを感じ，さらには，心の成長

の手応えももつのではないか。

5．さらに大切なことはそれぞれの　　考えの形成，学びの方略

　話し合いには，どの子どもも考えをもって臨むようにしたい。そこで本授業で工夫されたのが，サイドラインの色別指標であった。

　子どもたちが指標を相談してそのルールを活用する。色別でまず漠然ととらえていた心情が，サイドラインへの書き込みによってきちんと言葉でとらえられるようになる。このように丁寧に細分化した段階を設けることで，どの子どもも考えを形成しやすくなる。これが考えの交流を活性化する。

　また，この細分化が，「ごんの気持ちをしっかり考えて書くことができた」という子どもの納得を生む。できたと実感することで，たんにサイドラインを引く学習活動を，子ども自身が自分事として読解を進めるときの学習方略へと転化させていく。学び方を学ぶという観点からも，評価できる工夫である。

　国語科教育研究が始まって，3年目の研究授業。どの子どもも実に音読がうまくなっていることに気づいた。すらすらと読む。ただし，そこで授業者は満足しない。すらすら読めるところから，国語科の授業は始まるのである。

「新聞記事を読み比べよう」
―― 記者の「心」に迫る〔5年〕

小野太恵子

1 〉 書き手が「伝えたいこと」を正しく読み取るために

1．比較読みで書き手の意図に迫る

　2019年度の研究授業では，説明文の比較読み領域に焦点を合わせた。テーマが同じ文章を扱いつつ，文章の書き方や言語の使い方，文章構成やレイアウトの違いなどをとらえることによって，子どもたちは，多くの表現方法を習得することができる。また，それらの違いから，自ずと書き手の意図に迫ることもできる。

　以下では，筆者（小野）が取り組んだ5年生の単元「新聞記事を読み比べよう」（東京書籍『新しい国語』5，2014年検定）を報告しよう（ただし，本文中に掲載している写真は，2021年度に6年生で実施した同様の授業のものである）。

　本単元は，多摩川での「アユの遡上」という同じテーマを扱った新聞記事2つ（A社の記事Aと，B社の記事B）を比較するものである。共通点が非常に多い2つの記事を比べる際に，子どもたちには違いを言語化する能力が求められる。しかしながら，生野南小学校では，それを苦手とする子どもが非常に多いという実態が見られた。そこで，本単元の実践にあたっては，本文を隅々まで読み取るための細かいスモールステップを組み込んでいった。

2．「読解（精読）」に重点を置いた単元指導計画

　本単元の指導書では，学習の見通しを立て（1時間），新聞の構成について学習（1時間）した後，本文を読解し（2時間），記事の内容や写真に合った見出しを書く（2時間）という展開が示されている（全6時間）。

　読解に充てる2時間については，共通点を見つけて相違点を探し（1時間），記者の意図に迫る（1時間）という展開である。しかし，本単元を実践するにあたって，記事Aと記事Bをそのまま読み比べ，共通点や相違点を即座に言語化することは，本校の5年生にとって非常に困難だと予想された。したがって，読解（精読）の時間を充分に設け（表1-2-1の第2～5時），一度にたくさんの文章を読むのではなく，比べ方の視点を明らかにし，書き手の意図にたどり着くまでのスモールステップをしっかり踏むという構成にした。

表 1-2-1　単元「新聞記事を読み比べよう」の単元指導計画

(┈┈ 囲みの部分が，「読解（精読）」に取り組む部分である)

時	学 習 内 容
1	【新聞の構成を学ぶ】 ○紙面（社会・経済・産業・国際・教育・文化・スポーツなど） ○文章の種類（報道記事・社説・コラム・解説・投書など） ○記事の構成（見出し・リード・本文・写真など）
2	【記事の形態のまま比較読みをする】 ➡見出し・写真・リード同士を比較し，気づいたことを言語化する。 ➡本文を比較して読む難しさを確認する。
3	【本文の比較読みをする】 ➡比べる視点を探し，共通点を見つける。
4 5	【本文の比較読みをする】 ➡相違点を言語化し，根拠となる言葉を本文から読み取る ➡記者の意図に迫る
6	【見出しを考える（活用）】 ➡こちらで提示した記事と写真に合った見出しを考え，実際の記事にある見出しと 読み比べ，良さや工夫を確かめ合う。

　それぞれに 4 段落で構成されている 2 つの記事は，「アユの遡上」という同じ取材内容を扱いながら，話題提示の仕方，明るいニュースの内容，アユの復活劇の表現方法，まとめ方などに違いがある。それらの違いは，明らかに，読者に伝えたいことが異なるからこそ生み出されたものである。

　2 つの記事の違いを子どもたちが言語化していくなかで，「書き手が読者に伝えたいこと」を読み取る根拠として，本文にある一言一句に注目できる力を育てることが，本単元の大きなねらいである。伝えたいことを伝えるための一言一句を生み出すために悩んだであろう記者の思考に，読解を通してふれることができるような授業展開をめざした。

② 言葉・文・文章を一対一対応させた「比較読み」

1. 比較読みの基盤をつくる──「人」がつくる新聞

①「新聞」に慣れ親しむ

〈紙面を知る〉

　本学級の子どもたちの半数以上の家庭で新聞を取っていない。また，デジタルネイティブの子どもたちにとって，新聞はそれほど身近な存在ではない。したがって，単元の導入ではまず授業者がためておいた新聞を 1 人に 1 部ずつ配り，触らせることからスタートした。

　手に取ったとたんマンガコーナーやテレビ欄を見ていた子どもたちに，社会・経済・産業・

第 1 章　「ことばの力」を育てる

国際・教育・文化・スポーツなどの「面」を１つずつ探させていった。

図1-2-1　各紙面に掲載されている主なニュースを見つける

「たとえば，教育のことを書いている面は？　『教育』って，黒く書いてあるところがあります。あと，１ページ目に目次もありますね」などと話しかけつつ，新聞をめくらせた。内容は難しいものの，見出しを拾い読むことで，新聞には報道記事だけではなく多種多様な話題が掲載されていること，また読者の興味や関心に応じて，どの紙面からでもどの記事からでも読めるように編集されていることを体感させた。

さらに，内容にもふれるため，班ごとに話題（社会，経済，産業など）を振り分け，該当の紙面にどんなニュースが掲載されているかに注目させた。各自が手元にある新聞から自分が担当する話題を探し出し，一番大きなニュースを，１人１枚ずつ配られた短冊に書いて黒板に貼る（図1-2-1）。授業者が貼られた短冊を一つ一つ読み上げ確認していくと，子どもたちからは，テレビやネットニュースで聞いたことがある，といったつぶやきが聞かれた。授業者からは，それぞれ記事は記者が取材にもとづいて書いていることを説明した。

〈いろいろな種類の文章を知る〉

次に，新聞に掲載される文章には，伝え方や意図の違いによって，報道記事・社説・コラム・解説・投書などの種類があることを学ぶ。ここではとくに，「書き手」とその立場に注目させようと考えた。まず，それぞれの説明を書いた模造紙を，教材として提示した（図1-2-2）。

さらに，それぞれの種類に該当する記事を，自分の手元の新聞で探させていった。一面の記事は，それぞれの日によって異なる話題が扱われている。そのような報道記事は，「新聞記者」が書いている。一方，解説は「専門家」，コラムは「個人」，投書は「一般の読者」，社説は「新聞を出版している会社の人」が書いていると説明した。

これにより，新聞は単にニュースという最新の事実のみを伝えるものではなく，それぞれの文章に書き手がいて，それぞれの視点や思いをのせて紙面が構成されていることを把握させた。

図1-2-2 新聞の紙面構成を説明する掲示

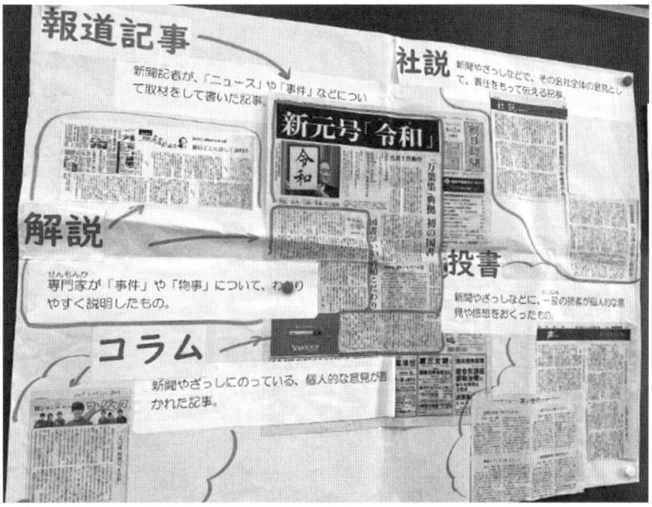

〈記事の構成を知る〉

　続いて，子どもたちに，教科書で提示されている新聞では何がニュースになっているのか，3分間で読み取れるだけ読み取ろうと投げかけた。

　新聞になじみのない子どもたちに，どこに目をやったかと問うと，「太い字のところ」と言う。「太い字」を「見出し」と呼ぶことを確認して板書するとともに，ノートの該当部分にも書きこませ，見出しごとの字の大きさや内容の違いにも注目させた（図1-2-3）。

　次に，「写真」の写し方にもふれる。同じ物を写していても，アップかロングかなどの撮り方の違いによって受け取る印象が異なること，またそれは書き手の意図によって掲載される「写真」が変わるため，文章と関連づけて読み解く必要があ

図1-2-3 記事の構成を確認する

ることを確認する。本文を読まなくても概要がわかる「リード」については，子ども自身が本文との境目をとらえることは難しかったので，ここは授業者が範読した。このようにして，個々の記事の構成を確認するとともに，それぞれの構成要素に記者の意図が込められていることを解説した。

　最後に，簡単にではあるが，記者がだれにどんな取材をしたのかを本文から想像して話し合う時間を設け，一つの記事を書きあげるための苦労をとらえられるようにした。

②全体を比較する

　以上のように新聞の基礎知識を確認したうえで, いよいよ記事Aと記事Bの比較を始めた。まずは, 授業者が一通り範読した。続いて, 2つの記事をノートの見開きに貼らせ, 全体を見比べて, 共通点には赤ペン, 相違点には青ペンで, 1分以内に印をつけるように指示した (図2-2-4)。夢中でペンを走らせる子どもはごくわずかなので, 「たとえば, 多摩川」「アユ」というように, まずは共通して出てくる言葉に注目するようヒントを出した。

　どんな共通点が見つけられたか尋ねると, 何人かの子どもは「アユが1000万匹をこえた」という記述などが共通していると発言した。違いはどうかと尋ねると, Aはアユのことしか書いていないが, Bはアユ以外のことも書かれていると, 一人の子どもが発言した。

図1-2-4　記事Aと記事Bを比較する	**図1-2-5　気づいた相違点を短冊に書いて貼る**

　さらに, 文章の中身以外の写真の違いなどへの気づきでも構わないことを補足し, 記事に書き込んで, 違いを言葉で説明するよう促した。また, 見つけた違いについては, 水色の短冊に書くように指示した。早速, 短冊に書いて, 黒板に貼りにいく子どももいる一方で, 「無理!」「こんなにたくさん読めない!」「違いはわかるけど, それを言葉にできない!」といった訴えも次々に聞こえてくる (図1-2-5)。授業者は机間指導で, 個別に支援を提供した。

　「『正直, 2つの文なんて無理!』と思っている人たちは, 次の授業で, むちゃくちゃ細かく比較していくので, 安心してください。本番は次の授業, 今日はウォーミングアップね」と安心させたうえで, 黒板に貼られた気づきを発表させていった。この時点で, 子どもたちからは, 次のような気づきが報告された。

【黒板に貼られた気づき】

- ・A社は「アユのみ消えた」と書いているが, B社は生き物のほとんどが消えたと書いている。
- ・A社とちがい, B社には経済のことが書いてある。

・最後のまとめ方（終わり方）が違う。

・江戸前アユと言っているのはA社だけ。

・アユの呼ばれ方が違う。

・A社の写真はアユの群れ，B社の写真は自然に親しむ人々。

・A社はつり人たちを喜ばせていて，B社はすべての人を喜ばせている。

　しかし，この時点で相違点を言語化できた子どもたちは，むしろ少数派である。そこで次の授業では，困難を感じている子どもたちを支援するためのスモールステップとして，記事を段落や文ごとに分解して読み取っていく展開を設定した。

2．比べながら読む

①比較する段落や文を一対一で結ぶ

　次の授業ではまず，2つの新聞記事の本文が，どちらも4段落で構成されていることを確認した。各段落を印刷した用紙を横並びに貼り，内容が似ている段落同士を対にするように投げかけた。授業者も同じ記事を黒板に貼りつけた（図1-2-6）。

　記事A・記事Bの第1段落はいずれも，アユが多摩川を上り始めたこと，アユが1000万匹を超えたことを書いており，対になることがわかりやすい。また，第4段落についても，まとめの段落ということで，対になることが理解しやすかった。

　しかし，記事Aの第2段落と記事Bの第3段落，記事Aの第3段落と記事Bの第2段落が，それぞれ対になっていることを見つけるのは難しく，子どもたちは戸惑いを見せていた。そこで，前者が「うれしいニュース」，後者が「復活」というテーマを扱っていることを解説し，それぞれがマッチングすることを確認した。

　さらに，ワークシートを配付し，各段落の中の各文についても，同じようなことを書い

図1-2-6　対になる段落・文を確認する

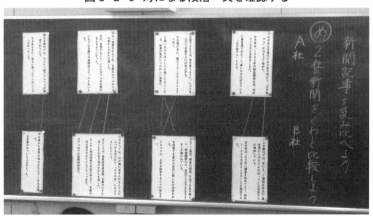

ている文同士を対になるものとして線で結ぶように指示した。ワークシートでは，対になる段落を上下に並べて示しているため，子どもたちは自ずと記事Aと記事Bを段落ごとに縦に読み比べることとなる。1文ずつを比べてよく読むと，使っている言葉や表現方法は違うが，同じような内容を伝えている文が含まれていることに気づく。

　前時に「2つも無理！　読めない！」と嘆いていた子どもたちも，比べる場所がわかったことで，ワークシート上で視線を上下させながら，黙々と読み込む姿が見られた。どの文とどの文が対になっているかについては，授業者が板書でも確認した（図1-2-6）。

②共通点を探す

　ここまで準備を整えたうえで，子どもたちに，対にした段落にある1文ずつを読み比べ，共通点を探すよう指示した。まずは手がかりとして，どちらにも出てきている言葉を丸で囲み，線でつなぐ。また，言葉は違っていても，似ていたり，同じような意味だと受け止められたりした言葉にも印をつけ，そう受け止めた理由を言語化し，ワークシートに書き込んでいくように伝えた（図1-2-7）。

図1-2-7　子どものワークシート（授業終了時）

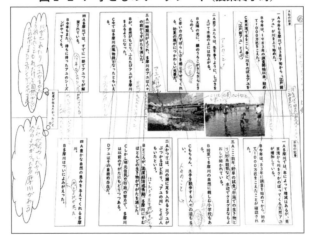

　両記事の第1段落は，同じ言葉を多く使っていることから共通点を見いだしやすい。これらの段落がアユの遡上について話題提示していることを，ほとんどの子どもたちがとらえられていた。この時点ですでに，「アユの呼び方が違う」と気づく子どもも多かった（記事Aでは「江戸前アユ」，記事Bでは「天然アユ」と書かれている）。

　記事Aの第2段落と記事Bの第3段落は表現方法がまったく違うため，子どもたちには戸惑う様子が見られた。子どもたちは，何とかして共通する要素を読み取ろうと奮闘し，図1-2-8のように赤線を書き込んでいった。

　すなわち，「きらきら」が記事B第3段落全体に当てはまる，「初夏の風ににつかわしい光景だ」も記事B第3段落全体に当てはまる，「人々の姿」と「光景」はどちらも景色を

指す,「水面」のアユと「水辺」のもよおしが描かれている,「銀のうろこがきらきら」していることと「自然」とはつながる,どちらも写真を使っている,という共通点が見いだされた。このように一言一句を対応させながら検討することで,切り取っている景色は違うが,「自然の素晴らしさ」にふれた記者の喜びを伝えたい段落なのだということに気づいていった。

図1−2−8　記事Aの第2段落と記事Bの第3段落の共通点を見つける（ワークシート）

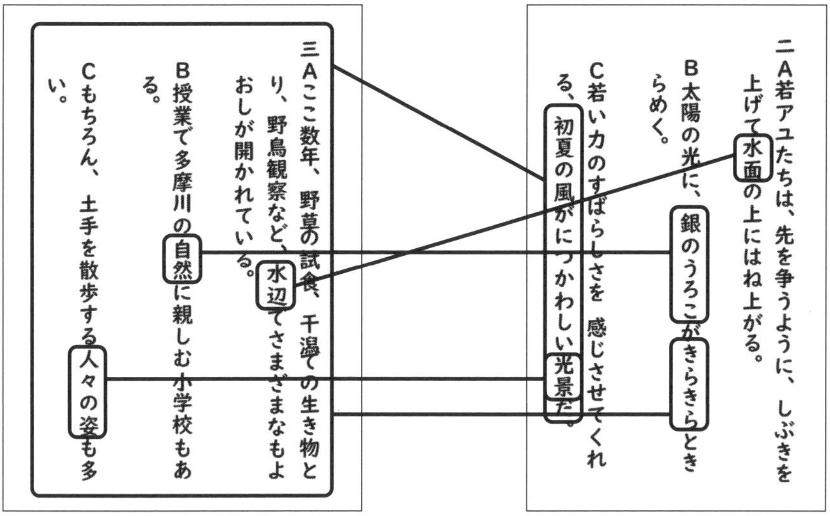

実際には2つの段落はワークシートで上下に並べられており，書き込みは赤線で行った。

　残る二対の段落についても，同様の作業を繰り返していく。記事Aの第3段落と記事Bの第2段落は比較しやすかったようで，どちらもアユの復活劇を描いているものの，記事Bでは「人」が登場していることを無理なく理解できていた。4つめの段落では，明らかに発信の仕方が違うものの，アユの復活という，うれしい事実を読者に投げかけているというとらえ方はできていた。このように共通点を細部まで見つけていくことで，子どもたちは自然と相違点にも気づいていった。

　なお，このようなスモールステップを敷く場合，成績上位の子どもにとって簡単すぎる授業内容にならないように，それぞれの力に応じて個々のゴール（目標）を設定できるよう留意している。たとえば，いきなり「共通点をまとめてごらん」と投げかけると，何も書けない子どもが多くなってしまう。読みながら考えることが難しい子どもたちには，同じ言葉を見つけて線で結ぶという目標を与える。一方で，文章全体をすばやくとらえ，文意を読みながら共通点を見つけられる子どももいる。彼らには，今頭の中にある言葉を，だれかに説明できるような言語にすることを指示する。

　このように，ワークシートに向かう時間には，同じ言葉同士を線で結ぶことに一生懸命に取り組んでいる子どももいれば，違う言葉を線で結んでその根拠を走り書きしている子

どももいる。ここで生じる力の差は，班活動や全体交流を通し，全体化することでカバーしていきたいところである。読解が苦手な子どもが，自分では気づけなかった共通点に納得する場面がある一方で，読解が苦手だからこそ見つけられた小さな発見がみんなの驚きにつながることもある。したがって，個人で読む時間と，班・全体で読む時間の意図を明確にする必要があると考えている。

さて，図1-2-7のように，言葉や文を縦につなぐ線が増えてくると，対にした段落がそれぞれに果たす役割が見えてくる。それをキャッチコピーの形で表すために，班や全体で話し合うように指示した。形式段落の内容をキャッチコピー化することは，何度も経験してきた子どもたちであったが，比較対象として対にした段落にタイトルをつけるとなると，さらにもう一度，縦に読み直す様子が見られた。1つめの段落には「初めての1000万匹超え」，2つめには「多摩川のグッドニュース」，3つめには「多摩川復活アユおかえり」，4つめには「まとめ！」というキャッチコピーが付けられた。

③相違点を探す

以上のように，場所や事柄，伝えたいことの共通点をしっかり押さえたうえで，A社，B社それぞれの記者の意図に迫っていくため，相違点を見つける作業へと進んだ。このとき，共通点と同じような方法で言語からたどると，煮詰まってしまうことが予想された。そこで，対の段落の文章全体をとらえ，見つけた違いを先に言語化し，そこから本文にある一言一句をたどるという方法をとった。

まずは，一人で考える時間を設けるが，4対の段落の違いをすべて言語化することが難しい子どももいる。しばらく時間を置いてから，4人班で役割分担をし，自分の担当になった対の段落について，その違いを短冊に書くように指示した。だれがどこを担当するかを班で決めるときは，各自のワークシートの出来具合を出し合い，それぞれできそうな所を担当するという形で決める。2つめ・3つめの対の段落に苦戦していた子どもたちが多かったが，得意な子どもが担当したり，「ちょっとチャレンジしてみるわ」と申し出た子どもが担当するなど，さまざまであった。

分担して短冊を書いていくなかで，意見に偏りが出たり，なかなか言葉にできなかったりする子どもも見られた。そこで途中で，子どもたちを役割ごとに板書の前に集めて，進捗状況を報告し合うとともに，比較のポイントを授業者も一緒になって話し合う機会をもった（図1-2-9）。

両方の記事の第1段落では，アユの呼び方が違うということ以外の意見がなかなか出てこなかったので，「アユの登場のさせ方」の違いや

図1-2-9　対の段落について担当した子どもたちと教師で話し合う

Aにだけ使っている言葉があるというヒントを与えた。子どもたちは，「A社では，アユが川を『上り始めた』とだけあるが，B社は，アユが『増加している』とある」，「A社には，『春』や『三月下旬』という，季節を表す言葉がある」といった違いに気づくことができた。

　記事Aの第2段落と記事Bの第3段落（図1-2-8に示した文章）の比較では，記事Aがアユを中心に書いていることはわかるが，記事Bの書き方を言語化することに苦労していた。したがって，アユのかわりに描かれているものを，風景（本文）から見つけるよう投げかけた。子どもたちからは，次のような気づきが報告された。

【子どもたちから出された気づき】

- ・A社は「アユ」という言葉を使っているが，B社では使っていない。
- ・A社は「アユ」のことで，B社は「干潟の生き物」「野鳥」と言っている。
- ・A社はアユのこと，B社は人間のこと。
- ・A社はアユがいきいきとしていて，B社は人間がいきいきとしている。
- ・A社は，「銀のうろこ」などアユについて詳しく書いているが，B社は，イベントや散歩など，多摩川の風景が書かれている。
- ・A社はアユの生き方，B社は人々の取り組み。

図1-2-10　見つけた違いの根拠を文章の中に探す（ワークシート）

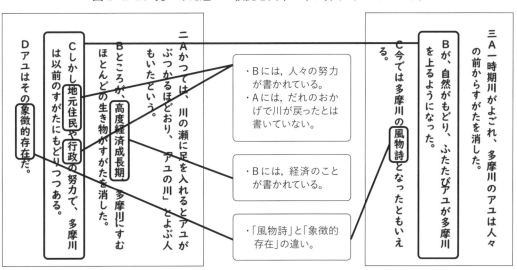

記事Aの第3段落と記事Bの第2段落の比較。実際の書き込みは青線で行った。

　3つめの対，記事Aの第3段落と記事Bの第2段落の比較（図1-2-10）では，何をもってアユの復活劇を描いているかを読み直すように促した。図1-2-10に示したもののほか

にも，子どもたちは，「A社はアユの様子，B社は人々から見たアユのことを書いている」，「A社はアユだけで，B社には住民のことが書かれている」，「A社はアユが帰ってきた，B社には生き物が帰ってきたとある」といった気づきを短冊に書いていた。

　4つめの対，記事A・Bの第4段落の比較に際しては，子どもたちに，記者として多摩川の河川敷に立っているつもりで考えてみるようアドバイスした。子どもたちは，次のような気づきを短冊に書いた。

【短冊に書かれた気づき】

- ・A社はアユのこと，B社は多摩川や人々のことを言っている。
- ・A社は，釣り人さんへ向けたメッセージ，B社はすべての人に向けたメッセージ。
- ・A社はアユがよみがえったことへの喜び，B社は，よみがえったことそのものを書きたい。
- ・A社は，アユのシーズンを期待していて，B社はこれからの多摩川について期待している。
- ・A社は「今年もまた」，B社は「ついに」。

図1-2-11　違いについての気づきを報告する短冊が貼られた板書

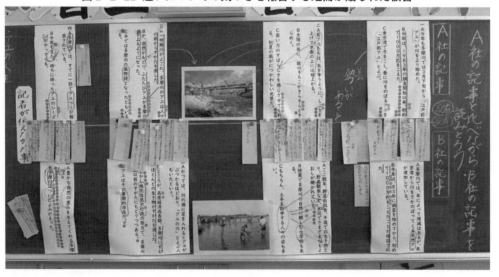

　こうして黒板には，子どもたちが気づいた違いを報告する短冊が出そろった（図1-2-11）。続いて，子どもたち全員に発表させつつ，授業者は，発表のなかに出てくるキーワードを本文中に青ペンで囲んで強調した。こうして，子どもたちが比較して導き出した相違

点を，本文と関連づけつつ整理していった。

　あわせて，Ａ社が「江戸前アユ」と呼び，季節感を出しながら「上り始めた」という書き方をしている意図は何だろう，と問いかけた。記事Ｂの第３段落では，景色の中に「どんな人」が見えるかを本文から探し，青ペンでチェックするよう促した。よく読んでみると，この段落の中には，野草を試食している人，干潟で生き物とりをしている人，野鳥を観察している人，さまざまな催しに参加している人々，小学生，散歩している人などが示されている。記事Ｂの第２段落でも同じ視点で探すと，地元住民や行政の人など，たくさんの「人」が描かれていることが読み取れる。

　また，高度経済成長をもたらしたのも「人」であり，多摩川から生き物の姿を消してしまったのも「人」だということにも気づかせたいところである。「風物詩」とは「ある季節特有の生き物など」という意味，「象徴」とは「意味する」や「シンボル」という意味だということも確認しつつ，とくに記事Ｂにいう象徴的存在については，だれにとって，どんなことの象徴なのかを問いかけた。最後のまとめ方については，子どもの意見にもあるように，「今年もまた」と「ついに」から受け取る印象の違いや，だれに向けて発信しているのかを話し合った。

③ 新聞記者の立場に立つ

1. 記者が魂込めた一文は？ ──読者の視点で

　ここまで進めたところで，記事Ａ・記事Ｂを，読者と記者，両方の立場で読む時間を設けた。初読の際は読者として心に残った一文を選び，読解の授業が終わったら，記者が魂こめて書いたであろう一文を選んでシールを貼る（図１-２-12）。このワークも，記者の立場に立つための一助として取り組んだものである。

図１-２-12　記者が魂をこめて書いたであろう一文を選んでシールを貼る

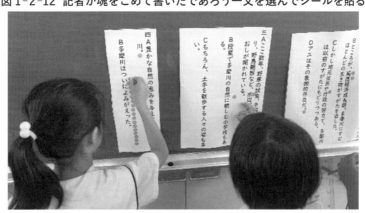

2．A社・B社の両記者が伝えたかったこと

　最後に，ワークシート（図1-2-7）の一番左に用意しておいた吹き出しの欄に，両方の記者がそれぞれの新聞記事に込めた思いを書くように指示した。ここまで細かく読み比べてきた甲斐があって，両方の記者がそれぞれの新聞記事に込めた思いを書く際には，しっかりと表現することができていた（表1-2-2）。

表1-2-2　記事Aと記事Bで記者が伝えたかったことの読み取り

記事A	記事B
・人々が楽しみにしていたアユ ・またアユのシーズンがやってきた！ ・アユへの思いがたくさん詰まった多摩川 ・アユを待っている人たちへ ・江戸前アユの物語 ・「待ちに待った」とあるから，記者も楽しみにしていたんだと思う ・みずみずしさ，キラキラ感 ・みんなを笑顔にしてくれるアユ ・多摩川にとって大事なアユ，アユにとって大切な多摩川	・アユが消えてしまった時期から，復活するまでの道のり ・人のした行動が「今」につながるということ ・人々にとって大切な場所「多摩川」 ・多摩川を思う人々の努力 ・アユを戻したかった人々のがんばり ・人々からみた「アユ」のこと ・人々の多摩川への愛がアユを戻した ・地元の人たちのつながりと協力 ・アユは人々の努力の象徴だということ

　読解力や思考力の差を授業のなかで「学び合い」へと導き，それぞれの個性をうまく融合させていくには，スモールステップを敷くだけでは足りない部分もあり，国語科教育の研究はまだまだ道半ばである。

　ただ，授業の冒頭で「無理！　読まれへん！」と頭を抱えていた子どもたちのワークシートにも，2人の記者の思いが自分の言葉できちんと書かれていた。読む力に課題を抱える子どもたちでも，読み方の細かなステップを教えれば，書き手の意図に迫る手立てを学ぶ機会を提供できるといえるだろう。

書き手の気持ちや願いに迫る説明文・論説文の授業
──国語科授業をこう組み立てよう

田村泰宏

第1節では，物語文読解学習において，心の成長に結びつく言葉学びの可能性を考察した。授業の成否は，子どもが納得して学びに向かうこと，子どもがいかに自分事として文章に対峙するかというところにかかる。説明文の読解指導でも，この授業像の追究は粘り強く続けられた。第2節の実践は，生野南小学校が国語科教育研究を始めて6年目のものである。文章読解を心の成長につなぐ授業づくりの要素は，さらに以下のように整理される。

1. 話題や書き手への興味・関心を高めること

「この文章から何事かを学び取ろう」という積極性が主体的な学びを生み出す。まず文章への興味・関心を幅広く醸成することに注力したいところである。

授業を行った小野太恵子教諭は，「新聞」に慣れ親しむことから学習をスタートさせた。この丁寧な導入により，さまざまな文種の構成で多方面の話題が語られていることに気づき，書き手としての記者や専門家，読者といった人の存在を知り，「一つの記事を書きあげるための苦労」にまで，子どもたちは考えを致したことだろう。

教科書教材による学びのスタートは，子どもたちにとって受け身である。とはいえ，この，「人」ないしは「人の気持ち」の存在にまで導入で気づかせることができれば読みに構えができる。説明的な文章は理を説く。その理を説くのは人である。「これを書いた人は，何を伝えたかったのだろう」と，文章の背景をイメージしようとすることが，読解を深めていく。

2. 文章理解の基盤としての知識・技能をもたせること

文章の背景といえば，アユの遡上という事実から春の季節感やアユ釣り，また，多摩川の環境問題といったことを連想することができなければ，記者の思いに迫るべくもない。

本単元2時間目に「記事の形態のまま比較読みをする」活動を取り入れたことで，子どもたちは「江戸前アユ」といった印象に残る言葉を確認し，「アユの呼ばれ方が違う」などと大切な相違点にすでに気づいていた。このようにして，話題に関わる知識を補い，わからなければ調べながら，共通点や相違点を見つけ出していくという学習活動を一読目に行うことにより，さらに主体的な学びを支える読みの構えが固められていく。

3. 俯瞰的に文章をとらえる思考力を高めること

本実践から最も学ぶべき点は，徹底的に比べながら読むことを通して，子どもに俯瞰的な思考力を育てた点である。

比較する段落や文を一対一で結んだり，対にした段落の共通点をキャッチコピーで表したりする。個に応じたスモールステップを設定し，確実に学びを積み上げることにより，子どもたちは俯瞰的な思考を働かせ，たとえば相違点について「A社はアユがいきいきとしていて，B社は人間がいきいきとしている」と優れた指摘を行うようになっている。

主体的に文章から何事かを学び取ることは，一通りの理解では難しい。俯瞰的にとらえること，技能的には，自分の考えや資料同士の比較が必要である。深い学びをめざす国語科授業では，このようにして思考力を高める指導に力点を置きたい。

4．形成した考えを表現・交流すること

子どもたちの実態に応じて学びのスモールステップを示したことで，子どもたちはそれぞれの考えを積極的に表現・交流するようになった。

「読解が苦手な子どもが，自分では気づけなかった共通点に納得する」，「読解が苦手だからこそ見つけられた小さな発見がみんなの驚きにつながる」という場面が現出した。

「個人で読む時間と，班・全体で読む時間の意図」を明確にして表現・交流する学習活動を構成することで，自分の今の言葉から，新たな言葉の世界を切り拓いていく学びに高めていくことになる。子どもが学び方を学ぶことにも結びつく。

5．わかったつもりが学びのスタートだと思えること

当初「違いはわかるけど，それを言葉にできない！」などと訴えていた子どもたちも，最後には，両記者の思いを推し量って，「多摩川にとって大事なアユ，アユにとって大切な多摩川」，「人のした行動が『今』につながる」と比較読みの成果を共有する。

思いもしなかったことに気づき，言葉にする体験。授業者の導きのもと，一語，一文，一段落にこだわり，文章相互を比較し，考えを表現し交流する学びの体験には，今まであまり意識することができなかった「ことばの力」の伸びの自覚がある。この手ごたえが次の学びにつながる。何より，子ども自身に，「わかったつもりが学びのスタートだ」と前向きにとらえさせたいものである。

子どもたちは，このような言葉の学びをとおして，文章を理解していくことを楽しむ高次な自分たちの存在に気づく。自分を見る自分を育てる。それがまた主体的な学びを生み出す。良い循環が教室に出来上がる。

第3節　「話し合って考えを深めよう」
── 読んで書いて，会話をつくる〔6年〕

小野太惠子

1 意見の違いを楽しめる大人に

1.「話し合い」指導の系統性

　生野南小学校では，2014年度から6年間，読解領域の実践研究に取り組んできた。その成果が「話す・聞く」領域でどのように活かされるのかと期待と不安を抱きつつ，筆者（小野）が2020年に初めて試みたのが単元「話し合って考えを深めよう」（東京書籍『新しい国語』6，2019年検定）である。目に見えず，消えてなくなる音声での言語活動は評価しにくく，そのうえ，子どもたちが力を発揮できるようにするにはさまざまな手立てが必要となる。ここでの悪戦苦闘が，本校ラストイヤーの国語科研究に大きく影響することになった。

　「話す・聞く」領域のなかでも，本単元は「話し合う」というカテゴリーにある。「話し合い」については，低学年で話をつなぐ技法を学び，中学年では司会を立てた話し合いで多数の意見を1つに集約する活動に取り組む。5年生では，問題を解決するために話し合い，6年生の本単元では，考えが違う者同士の話し合いとなる。しかし，これは，大人でも成立させることが難しいことであり，うまく進めることの難しさは明らかだった。しかし，だからこそ授業の後に，子どもたちが「話し合ってよかった」と思える展開を示すことで，小学生の間に，相手の意見を受け止めることの大切さや，話し合いのモラルやマナーを，理論ではなく経験として会得させたいと考えた。

2.単元指導計画を策定するうえでの工夫

　教科書会社の指導書においては，表1-3-1の展開例が示されている。しかしながら，学級の実態を踏まえると，さまざまな弱点克服の手立てを打つ必要性もあることが予想された。具体的に考えた手だては表1-3-2，実際に行った単元の展開は表1-3-3の通りである。

　内容と構成を同時に理解しつつ複数人での会話を展開させるためには，読みの視点を明確に示す必要がある。また，ワクワクするテーマ設定からなるグルーピングも，意欲につながる。そして，何よりも大きな手立ては，話し合いを視覚化し，ステージごとに考える時間を与えたことである。大阪弁でのノリツッコミを得意とする子どもたちだからこそ，正しい話し言葉を習得する時間をもたせることに重点を置いた。相反する意見だとついついトゲのある言葉を発してしまいがちな子どもたちには，相手の意見を否定せず，受け入れつつも自分の意見に納得してもらう方法とは何か，悩ませるようにしたい。形から入る

ことにはなるが，それでも自分たちの考えが深まった喜びを共有させ，多様性が新しいアイデアを生み出す可能性があることを知ってほしいと願い，授業に挑んだ。

表 1-3-1　指導書に示されている展開例

時間	授業展開例
1 時	①これまでの話し合いのうまくいかなかった点を話し合い，原因を見いだし，正しい方法を学ぶ。 ②話し合ってみたい話題を出し合い，学習計画を立てる。
2 時	①立場を決め，根拠を考えたり調べたりし，たくさんある主張から精選する。 ②教科書から司会を立てた話し合いの役割分担をする。
3 時	①読解から話し合いの技法を学び，自分たちの話し合いの計画を立てる。
4 時 5 時	①計画や時間を確かめ，話し合う。 ②話し合いを通し，考えが深まったかを振り返る。
6 時	①話し合いをするうえで大切なことをまとめる。

（東京書籍『新しい国語 5 教師用指導書』）

表 1-3-2　指導案作成上のポイント

①会話文を正しく読み取る時間の確保
②自由に選ぶことができるテーマ設定と，グルーピングの工夫
③意見の視覚化と，話し言葉の作文（モラルとマナー）
④聞き取りのポイントを示す
⑤心のつぶやきを話し言葉に
⑥本来なら相手の意見を聞きながら次の質問を考えるという活動を，分けて取り組む
⑦質問の答えを即座に用意するのではなく，考える時間をもつ
⑧考えが広がった経験にプラスして，異なる考えをもつ者同士でとびきりの別案を考える経験をする

表 1-3-3　本単元の展開（全 7 時間）例

時間	授業展開
1 時	①教科書の例文（悪い例）から，問題点を読み取り，これまでの自分たちの話し合いの仕方を振り返る。 ②今の自分たちの話し合いの力を用い，教科書と同じテーマ（観光案内をするなら共通語か方言か）について話し合ってみる。
2 時	①前時の話し合い活動と比較しながら教科書の例文（正しい例）を読み，表現の工夫がみられる部分にサイドラインを引く。 ②サイドラインを引いた部分を手がかりに，話し合いのチャート図を作る。
3 時	①「充実した大学生活を送るなら，実家から通うほうがよいか一人暮らしがよいか」という話題について，自身の立場を明確にし，調べ学習をしながら自身の意見とその根拠を書く。 ②調べた「書き言葉」を「話し言葉」に変えてグループごとに短冊にまとめていく。 ※小グループは，児童の個性を考慮し，指導者が組む。
4 時	①両グループ向き合い，前時に作成した意見短冊を手がかりにしながら意見交流をする。 ②意見短冊を交換し，相手側の意見短冊の内容を手がかりに質問内容を考え，短冊にまとめる。 ③意見短冊の下に質問短冊を付けた状態で掲示し，両方のチームでそれを手がかりにしながら質問交流をする。

5時	①話し合いで明らかになった両意見のメリットデメリットを表に整理する。 ②表をもとに，話し合ったことで得た新しい発見を伝え合う。 ③上記を活かし，A案でもB案でもない，新しいC案を生み出す話し合いをする。
6時	①4チーム4通りの話し合いテーマを設定し，選んだテーマについて自身の考えをまとめる。 ②それぞれの考えをチーム内で整理し，短冊にまとめ，それをもとに意見交換する。 ③相手の意見をもとに，質問したいことを短冊にまとめる。
7時	①両チームで，相手への質問短冊を貼ったものを交換し，質問交流の話し合いに備えて情報を整理する。 ②実際に質問交流を行い相手への質問に答えたり，質問を付け加えたりする。 ③話し合いをしたことで変化した自身の思考に向き合い，A案B案のメリットデメリットを踏まえたとびきりのC案を模索する。

2 豊かな会話を成立させるための準備

1．読解から会話の構成を学ぶ

①内容の整理

　本単元では，まず，話し合いの形式について学ぶために，教科書に掲載されている文章「観光案内では，方言と共通語のどちらを使うほうがよいか」を読解する時間を取ることにした。具体的には，図1-3-1のように，本文でだれがどんな主張をし，だれにどんな質問をしてどのように答えているのかを図に描いて整理することで，読み取ることにした。ワークシートにおいて図1-3-1の吹き出しを埋めていくことで，図を手がかりとしつつ，本文を根拠として会話文の内容を理解し，整理することができる。また本文に，意見と理由のセットで赤いサイドライン，相手の意見を受け入れている文には青いサイドラインを引くように指示した。このワークにより，会話の技法も習得できることを期待した。

図1-3-1 読解の図式化

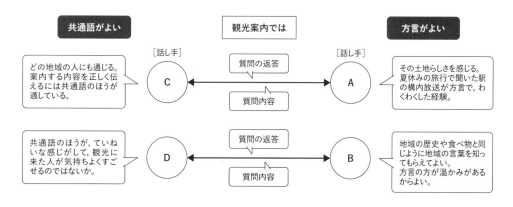

②展開の整理

　さらに，自分たちが会話する際に活用できるように，話し合いの展開を次のような表に

まとめた（右の表1-3-4）。

2．自身の考えを明確にし，知識を広げる

①テーマ設定とグルーピング

　本単元では，Ⓐ「3月にもう一度修学旅行に行くとしたら，沖縄か北海道か」，Ⓑ「中学校の昼食は，弁当がよいか給食がよいか」，Ⓒ「大人になって住むなら，都会か田舎か」，Ⓓ「最近の小学生はとても忙しいので，一教科減らすとしたら英語か理科か」という4つのテーマを設定した。

　子どもたちは，5年生のときの社会科での調べ学習と人権学習において，沖縄と北海道について夢中になって調べていた。テーマⒶについては3月ということがポイントで，海か雪山かという議論にもっていくことがねらいだ。またテーマⒷは，最近，本市でも中学校での給食がスタートしたことから，栄養面や好みによる議論を期待した。テーマⒸでは，今住んでいる都会での生活と，林間学習の経験を比較し，いろいろな視点から住まいについて調べ，知識を広げてほしいと考えた。一番難しいと予想したのが，テーマⒹである。実際，文系教科（英語）か理系教科（理科）かという設定について職業や国際化という視点からも議論できるようにするためには，担当チームにかなりの支援が必要となった。

②調べ学習

　各テーマを担当するチームのメンバーを授業者が発表した際に，子どもたちは自分が選んだテーマについて，だれと協力し，だれと意見を交流することになるのか，ワクワクしながら見つめていた。

　自分自身が「これだ！」と思って選んだテーマと一緒に取り組む仲間が決まると，自分たちの意見をたくさん蓄えたくて，前のめりになって調べ学習に取り組む姿が見られた。

③思考の整理

　さて，図1-3-2は，テーマⒸに取り組んだ子どもが書き込んだワークシートである。まず，「自分の考えⅠ」の欄に記入したうえで，「調べ学習何でもメモ」に，自分の主張を補強するための根拠として使えそうな情報として調べたことを，個々人で書き込んだ。さらに，「都会」「田舎」それぞれの「良い点」「困る点」について，チームで話し合ったことを表に整理し，より深まった考えを「自分の考えⅡ」の欄に記入していった。

　このときのチームでの話し合いには，「都会暮らし」支持派だけが参加している。チーム内でそれぞれ調べたことを持ち寄ると，今すぐにでも話し合いたくなるくらい，「都会の魅力」に関する情報でいっぱいになる。それらを活かしつつ，集めた情報を正しく伝えるための準備をさせた。ここでは，「都会暮らし」の良い点・困る点だけではなく，「田舎暮らし」についても，相手側がどんな良い点・困る点を主張してくるかを予想して，チームで整理しておくように求めた。これにより，相手の意見を「聞く」ための素地ができることを期待した。

表1-3-4 話し合いの進行表

話題の確認	発言者	①話題そのものの確認。 ②話し合ううえでの注意点の確認。 ③進行上での確認。 ④どちらの立場の人から意見を言うか伝える。
それぞれの立場の考えを聞き合う	A	①自分の立場を言う。 ②理由を言う。「……からです」 ③経験やその時の気持ちをくわしく伝える。 ④最後にもう一度意見を伝える。
	B	①自分の立場を言う。 ②理由が2つあることを先に伝える。 ③調べてわかったことを言う。
	司会	①もう一方の立場の人の意見を聞くようにする。
	C	①自分の立場を言う。 ②理由を言う。「……からです」 ③相手側（方言）のデメリットを伝える。 ④最後にもう一度自分の意見を言う。
	D	①自分の立場を言う。 ②理由の数を伝え，前の人と重なっている意見は省略する。
	司会	①両方の意見を整理して，もう一度みんなに伝える。
それぞれの立場から質問し合う	司会	①ここから質問タイムであることを伝える。賛成側からどうぞ。
	C	①Aの経験の，より具体的な話を聞く。 ②Aの意見を認めたうえで，問題点を確認し，尋ねる。
	A	①経験をより詳しく話す。 ②指摘された問題点をクリアできた方法を伝える。
	C	①相手の回答から「なるほど」と思った点を伝える。 ②それでも，懸念される課題はもう一度伝える。
	司会	①反対側の質問どうぞ。
	B	①「Dさんに質問です」とはっきり指名する。 ②相手の意見の根拠を，より具体的に聞く。
	D	①答えとして自身の感想でもよい。
両者の意見の整理	司会	①それぞれの立場のよい所と困るところを整理。
	全員	①改めて，両者のメリット・デメリットをそれぞれの立場から整理して伝え合う。 ※意見をぶつけ合うことで見えてきたことに着目。
まとめ	司会	①まとめる。

図1-3-2 子どもが記入したワークシート

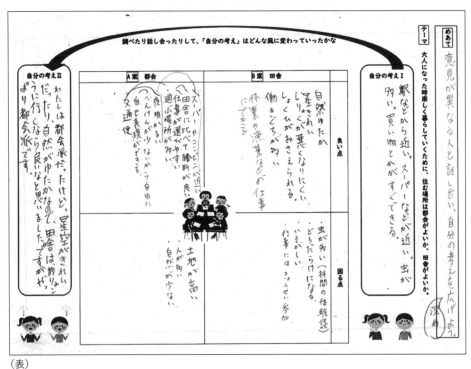

（表）

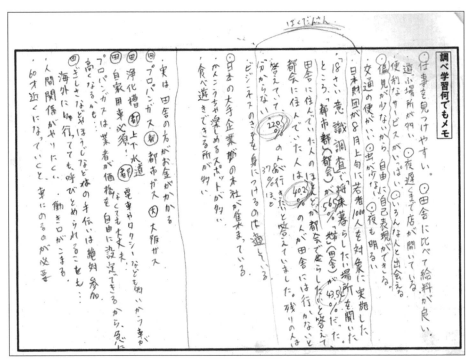

（裏）

3. チームで意見を視覚化し，個々の話し言葉をつくる

　ワークシートでの思考の整理が終わったら，音声言語にのせて伝えるべき内容を，整理・要約する作業へと進んだ。まず，同じチームのなかで整理した情報をもとに，話し合いで発言するポイントを短冊に書くことで視覚化した。さらに，より説得力をもった主張ができるよう，短冊を並べ替えながら順番を工夫した（図1-3-3）。この作業を通して，似ている意見を工夫して表現し直したり，前後の意見と関連させるなどの姿が見られた。話し合いの力が十分に身についている子どもたちであれば，こういったことも話し合いの場面で瞬時に考えることができるかもしれない。しかし，本校の多くの子どもたちにとって，思考を整理する作業を，口頭での話し合いと同時に行うことは至難の業である。短冊を使うことで，チームでじっくりと考えを練る時間を取ることができた。

　続いて，チームのなかでの自分の担当が決まった後，それを丁寧で説得力のある伝え方にするために，各自のワークシートに作文した。この時間は，自身の話し言葉に向き合う大切な時間となった（図1-3-4）。

図1-3-3　チームで作成した掲示用短冊

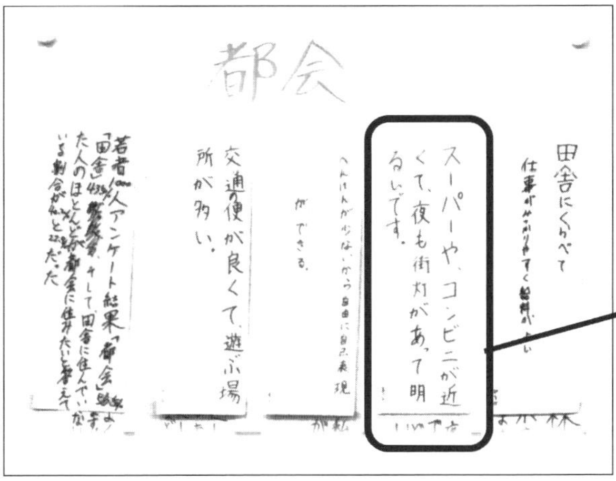

囲みや矢印は授業者による。

図1-3-4　個人で発言内容をまとめたワークシート（一部）

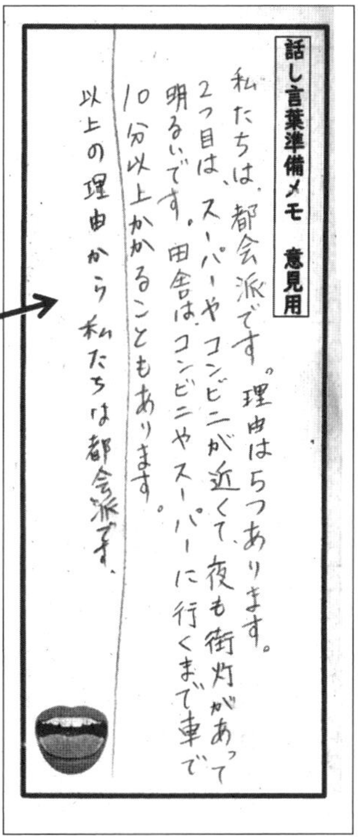

3 相手の考えを受け止めながら，どう伝えるか

「聞く」ということ

　ここまで準備が整ったところで，いよいよ違う立場に立つチーム同士で話し合う授業となった。ここでの話し合いは，①お互いの意見を聞き合う，②チーム内で相手側への質問を考えて短冊に書く，③短冊に書かれた質問を踏まえて，チームで回答を用意する，④実際に口頭で質疑応答を行う，という段階を踏んだ。①と④の間に②と③のワークを挟んだのは，丁々発止で質疑を行うのは大半の子どもたちにとって困難だと予想されたことに加え，この機会にフォーマルな話し言葉を身につけてほしいと願ったからである。

①視点を明らかにした聞き取りメモ──心の中のつぶやきを話し言葉に変換する

　図1-3-5は，お互いの考えを聞き合う時間で用いたワークシートである。まず，「自分の心の中の『ことば』」の欄では，3つの視点でメモを取らせるようにした。相手の意見の全てをメモすることは難しいと考えたため，相手の意見の聞き方をこちらから示し，聞き取りの構えをもたせるようにしたのである。

図1-3-5　聞き取りのためのワークシート

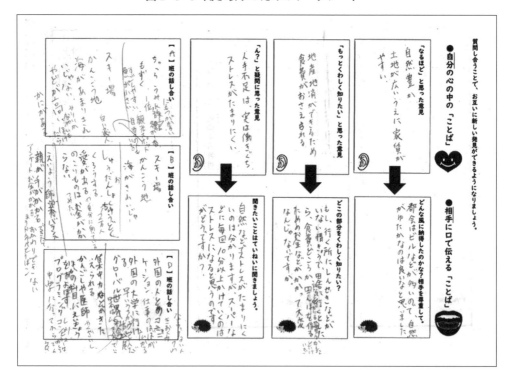

　「『なるほど』と思った意見」はそのまま受け取りの言葉になり，「『もっとくわしく知りたい』と思った意見」はそのまま質問内容になる。また，「『ん？』と疑問に思った意見」は，

相手の考えを否定しないように気をつけながら，違った考えを伝える重要な場面につながる。「相手に口で伝える『ことば』」の欄は，相手の意見を聞きながら心に思ったことを，相手を尊重しながら共感や質問や新たな意見という形で音声言語に変換する練習を行うために準備した。授業において，子どもたちには，「ハリネズミ」（トゲのある言い方）と伝えた。

なお，ワークシートの左側に用意している欄「【　　】班の話し合い」は，ほかのチームの話し合いを聞く際に書き込む欄である。この欄については聞く視点は示さず，自分で要点をまとめるように指示した。意見交流の場面で聞き取った内容は鉛筆で書き，質問交流で新たにわかったことは赤鉛筆で書き加えることとした。

②質問内容をよく考えて，視覚化する

相手側の意見を聞いたところで，各チームで質問を考えて短冊に書き黒板に貼った（図1-3-6）。これは，相手チームの意見を聞いて感じたことを，チームのメンバーで出し合い，作戦を練る時間となる。

このとき，相手を打ち負かすのではなく，さらなる知識を求めたり，自分たちが調べた内容を上乗せしたりする作戦を練ることとなった。また，質問に対する答えも予想し，それに対してどのように返すのかも考えておくよう求めた。ここでも考えを話し言葉に変換する作業をすることとなり，どんなふうに伝えればとげとげしくならないか，と表現方法について，話し合う姿が多く見られた。

そうすると，子どもたちは，自分たちに一体どんな質問を投げられるのかと気になって仕方ない様子となった。質問の短冊が加えられた画用紙を交換する際には，「待ってました！」「やられた！」「ここかー！」など，知的などよめきがあちこちで起こった。

図1-3-6　視覚化された質問内容

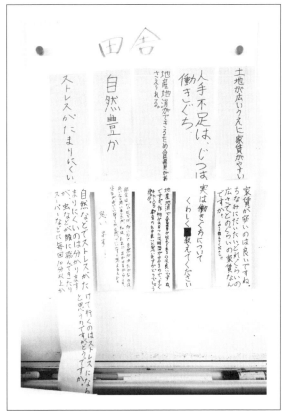

田舎暮らしを支持するチームの意見（上に貼られた短冊5枚）に対し，都会暮らしを支持するチームからの質問内容を書いた短冊（下に貼られたもの5枚）。

③質問に答える準備をする──否定でもなく反発でもなく

質問内容を交換したところから約10分をかけて，今度は質問に答える準備をした。子ど

もたちは，ややもすれば感情的になる気持ちをこらえながら，冷静に言葉を選びつつ回答を考えていた。

「地産地消のことを聞いてきたね。少し調べ足りないから，今からタブレットで調べるよ。みんなは，都会の便利さよりも素晴らしいと思える田舎の魅力をさらに探して！」，「理系の仕事について，やっぱり詳しく聞かれた！　調べたものがあるから，ここは私がまとめるね！」，

図1-3-7　チームで作戦を練る子どもたち

「グローバル社会という言葉の解説は必要だったね。〇〇くん，調べてたよね。わかりやすく話し言葉に変えておいてね」，「この質問に対してだけど……簡単に答えておいて，話を変えてみるのはどうかな？」などと，チームのメンバーで協力し合いながら，次の話し合いに備える姿が見られた（図1-3-7）。

④質問交流へ

　各チームの準備が整ったところで，質問を交流する話し合いへと進んだ。本来であれば司会も子どもに担当させたいところだが，本実践では，あらかじめ用意した「丁寧な質問」と「わかりやすい答え」というやりとりに，願わくば，何らかのプラスαを加えるということに重点を置くことにしたため，授業者が司会を担当した（図1-3-8）。その際，準備していないことを司会から質問するかもしれない旨を説明し，心の準備をさせた。緊張すると声が小さくなる子どもも多く，ややもすれば担任を見つめながら意見を言ってしまう傾向もあった。そこで，できるだけ相手チームのメンバーの目をしっかり見て，聞き取りやすい声で伝えるというマナーも身につけようと語りかけた。

　表1-3-5には，田舎チームと都会チームの間の質疑応答で交わされた子どもたちの発

図1-3-8　話し合いの様子

黒板には，8チーム分の短冊（図1-3-6で示したもの）を掲示した。

言を示している。相手チームの発言に対して「確かに」「よく調べてくれてありがとうございます」などといったん肯定的に受け止めている様子がうかがわれる。また、「農業や漁業などは技術が必要なので、趣味ならいいのですが、仕事にするのは大変だと思います」と相手の意見を踏まえて自分の考えを深め直したり、「スーパーなどに毎回10分以上かけて行ったりするのはストレスになると思うのですが、どうですか」と相手の発言内容に即した質問を投げかけたりしている。

表1-3-5 テーマ「大人になって住むなら、都会か田舎か」に関する質問交流での発言内容

立場	発言内容（一部）
	田舎に住むチーム➡都会に住むチームへ質問
田舎	A：Iさんの意見に対し「交通の便がいい」ということはわかりました。でも、田舎にとっての遊び場は自然だし、私たちにとってどんな公園よりも山や川などの自然のほうが楽しいです。［中略］
田舎	E：Gさんが言っていた、「夜も街灯があって明るい」という意見は確かに便利ですね。でも、田舎でしか見えない満天の星は、どれだけ明るい電灯よりもきれいだと思います。
都会	G：確かに、星空がきれいなのは林間に行ったのでよくわかります。でも、たまに見るのがいいと私は思いますし、都会は夜景がきれいです。
田舎	E：夜景は人工的なもので、ずっと見ていたら飽きるかもしれないけど、星空なら、星座や流れ星を探したりして、楽しみもたくさんあります。［中略］
田舎	B：Hさんが言っていた、「偏見が少ないから自由に自己表現ができる」という意見ですが、確かに田舎は人が少ないので、ちょっと人と違う人が来たら怪しがったりしてしまうかもしれません。しかし、都会はSNSでのトラブルが多いのではないかと思います。
都会	H：私はSNSは使わないのですが、都会には人が多いしいろんな人がいるので、田舎よりは偏見が少ないと思います。また、田舎でもSNSがあると思うし、都会でも田舎でもルールを守ってSNSを使用したほうがいいと思います。［中略］
田舎	C：Jさんのアンケート、よく調べてくれてありがとうございました。ですが、コロナをきっかけに、東京に住みたくないと言っている人が増えているようです。［中略］
田舎	D：都会は、田舎に比べて仕事が見つかりやすく給料がよいという意見についてですが、田舎にも林業・漁業・農業などの小さな仕事がたくさんあります。
都会	F：確かにそうですが、田舎と都会では年収が100万ほど違うことがわかりました。また、農業や漁業などは技術が必要なので、趣味ならいいのですが、仕事にするのは大変だと思います。
田舎	E：確かに年収が高いのはいいとは思いますが、田舎だと地産地消などをして暮らせるので生活はあまり変わらないと思います。［中略］
	都会に住むチーム➡田舎に住むチームへ質問
都会	H：都会はビルなどが多いので自然が豊かなのはいいなと思いましたが、私はたまに出かけるからこそ空気がおいしいなとか自然っていいなあと思えるんだと思います。［中略］
都会	G：Bさんが言っていた、「ストレスがたまりにくい」についてですが、それもわかるのですが、虫などが顔に飛んできたり、スーパーなどに毎回10分以上かけて行ったりするのはストレスになると思うのですが、どうですか。

田舎	A：ずっと田舎に住んでいたら，虫にも慣れるし，スーパーに行くのにいい運動になったり車に乗れたりといいと思います。また，虫が嫌なら，コロナ対策にもなるので，フェイスシールドをつけたらいいのではないでしょうか。[以下省略]

　表1-3-6には，弁当チームと給食チームの話し合いにおける発言を示している。ここでも相手チームの意見に対して「なるほどと思いました」「納得しました」「確かにそうですね」などと肯定的に受け止める発言がみられた。また，相手の発言を踏まえつつ，「給食調理員さんの愛情は児童全員に向いていると思いますが，親の愛情は自分にだけ向いているので質が違うと思います」と答えるなど，話し合いを通して思考が深まっている様子がうかがわれる。

表1-3-6　テーマ「中学校の昼食は，弁当がよいか給食がよいか」に関する質問交流での発言内容
（表1-3-5とは別の子どもたち）

立場	発言内容（一部）
	給食チーム➡弁当チームへ質問
給食	A：給食にお金がかかることを初めて知りました。
給食	B：Iさんの意見になるほどと思いましたが，お弁当をつくる20分があれば，ほかにも何かできると思いました。
弁当	I：20分でできる「ほかのこと」とはどんなことですか。教えてください。
給食	C：自分の好きなことです。寝たり仕事したり………。
弁当	I：納得しました。[Cはガッツポーズをする][中略]
給食	D：Gさんに質問です。残り物でお弁当が作れるのはいいなと思いました。でも，給食調理員さんは仕事としてやっているから愛情がないのではという意見については，愛情がなければ給食調理員さんになっていないと思います。
弁当	G：確かにそうですね。でも，給食調理員さんの愛情は児童全員に向いていると思いますが，親の愛情は自分にだけ向いているので質が違うと思います。
給食	D：納得です。[笑いが起こる][中略]
	弁当チーム➡給食チームへ質問
弁当	G：Eさんの意見の「栄養士が献立を作成する」ということは知らなかったので，なるほどと思いました。[中略]
弁当	H：Aさんが言っていた，「お弁当はおかわりできない」「汁物が食べられない」という意見は確かにそうですが，入れる前に量を調節できるので，大丈夫ではないでしょうか。あと，最近ではお味噌汁やスープを入れる保温弁当箱というものがありますが，それについてはどう思いますか。
給食	A：おかわりできなくても，お弁当の大きさなどで調節できるのは納得しました。保温弁当箱にもびっくりしました。でも，スープなどをポットに入れてもっていくのは，荷物になるのではないでしょうか。[中略]
	【まとめ】
司会	授業者：弁当派は「愛情」，給食派は「出来立て」という議論となりましたね。これは好みの問題もありますが，後ですてきなC案が生まれることを期待します。[拍手が起こる]

質疑応答に取り組んだ子どもたちは，がんばって調べたからこそ，相手の意見を受け入れようとしなかったり，言葉のとげを隠しきれなかったりする場面もあった。そうした場面では，司会が和やかな雰囲気を維持しながらたしなめるよう心掛けた。

また，長くなってしまった内容を要約してフィードバックしたり，話の流れが平行線になった場合には，なぜそうなるのかを補足説明したりすることも必要だった。司会として参加した授業者自身にとっても，集中力を研ぎ澄まして真剣勝負で挑む時間となった。

④ 意見の対立をプラスにもっていく時間

1. 思考の変容に気づく

本単元の入り口では，「こうだ！」という確固たる意見と理由をもたせる必要があった。しかし，相反する意見を真剣にぶつけ合う話し合いを通して，子どもたちは，異なる立場で意見を交換するからこそ知識が広がるという面白さに気づけたようである。質疑応答を終えた時点で子どもたちが書いた振り返りには，次のような感想が書かれていた。

【質疑応答を経て子どもたちが書いた振り返り】

・ぼくは北海道派だったけど，3月に行くならまだ寒いし，沖縄のほうが暖かいから沖縄のほうがよいという考えに変わりました。
・北海道の魅力もたくさん知ることができた。でもやっぱり沖縄がいい！
・栄養面や出来立てという点で絶対給食と思っていたけど，集団食中毒と聞いて弁当もありかと思った。
・私は母の弁当が大好きで，毎日弁当がよかったけど，親が困るんだと気づき，親に負担をかけたくないので給食のほうがいいような気がしてきた。
・自然が好きだから田舎がいいと思っていたけど，スーパーやコンビニが近いと言われてしまうと都会のほうがいいのかなと揺れた。
・星空もいいけどやっぱり好きな服をすぐに買える都会がいいです。田舎には旅行で行く。
・IT社会やプログラミングということを聞いて，理科も必要だと思った。
・これから国際化社会になっていくことがわかって，英語も大切なんだと感じた。

---

2. A案？ B案？……とびきりのC案へ！

子どもたちには，ぜひ多様性が生み出す思考の楽しさを味わってほしいと願い，本単元の締めくくりには，次のように伝えた。

「たとえば，北海道派の人たちだけで，修学旅行の行先を決める分には何ももめません。でも，意見が違う人同士で話し合ったからこそ，知識が増えましたよね。ああでもない，こうでもないと。時には強い主張をするわけだから，相手のことを否定してしまいそうにもなっているハリネズミがたくさんいましたが，でも，まず受け入れて尊重したことで，今，みんなの脳みそは2倍になっていると思います。そしたら，そんな巨大脳みそのみんながもう一度話し合ったら，これ以上に良いアイデアが浮かぶかもしれないよね。ちょっとやってみましょう」

　こう語りかけたうえで，これまでのチーム・メンバーの半分を反対意見のチームと交換し，即座に混合班を作った。「はじめ！」という合図と同時に，教室内には意見が飛び交い始めた。何かをクリエイトしようとする真剣な空気のなか，子どもたちは，どちらの願いも叶えられるようなアイデアを一生懸命，模索した。その結果，次のような新しいアイデアが生み出された。

【子どもたちから出された新しいアイデア】

Ⓐ3月にもう一度修学旅行に行くなら……
　➡間をとって高知県に行く！／沖縄でも北海道でもないどこか（もう一度和歌山？）。
Ⓑ中学校のお昼ご飯は……
　➡給食と弁当を，一日ずつ交互に食べる（食いしん坊は両方食べてもOK！）。／今のように，特別な行事の時は弁当で，普段は給食にする。
Ⓒ大人になって楽しく暮らしていくために，住むとしたら……
　➡両方に家をもつ／田舎の方に別荘を建てる。
Ⓓ一教科減らすとしたら……
　➡結局は両方必要だとわかったので，存続させて，そのかわり社会科をなくす。／朝学習の時間に小分けにして英語をまわす。

　授業の最後には，次のように子どもたちに伝えた。
　「大人になったら，まったく違う意見の人と話し合わなければならないことがたくさんあります。それがけんかになるのか，今みたいに素晴らしい別案を生み出すか，どちらになるかを決めるのは，『ことばの力』と『心の力』です」
　多様性を否定や差別の対象とするのではなく希望に変える――そんな言語の力を育てていきたいと改めて感じた授業だった。

響き合う心に導く「話し合い」の授業
—— 学習方略を自在に使おう

田村泰宏

　話し言葉は客体化しにくく，その学習指導は難しい。聞き耳を立てて子どもの話を受け止めても，納得のいく指導にならないことが多い。話し，聞き，話し合う学びはどのように深められるのであろうか。

1．話し言葉の学びに書き言葉を活かす

　本単元の学習活動を振り返ってみよう。話し合い例を図式化する，話し合いに活用するために進行表を作る，マトリックス図（p.54図1-3-2）を使って思考を整理する，ワークシートに意見をまとめる……と，書く活動が驚くほど連なっている。

　話し言葉の学習指導では実際に話し聞くことが大切で，話し言葉は話し言葉で育てるといわれる。しかし，本実践から学ぶべきは，話の内容の検討，話・話し合いの構成の立案，語彙の拡充や適切な語句の選択といった基本的な学びの深化は，書きながら鍛えるほうが有効だという点である。

　話すことを想定しながら書くので，これはまさに学びの対象である話し言葉の客体化である。通常であれば話し合いの場面で瞬時に考えることをじっくりと考えることになり，「自身の話し言葉に向き合う大切な時間」にすることができる。これにより，

この「時間」は，後述する「一次的ことば」を「二次的ことば」に磨き上げることを学ぶ貴重な機会となる（終章参照）。

2．学習方略を活かす子どもたち

　ただし，これだけ豊富に書くことを単元に取り込み，しかも話し合うことの学習目標達成に迫ることができるのは，この6年生が，生野南小学校の8年にわたる研究の歩みのなかで育ってきた子どもたちであることによる。

　「読解の図式化」や「サイドライン」といった多彩な学習活動を実によくこなしている。それ以上に，たとえば質問に答える準備の段階では，自分たちで短冊を有効に活用しながら，チーム内でいきいきと対応を相談する。短冊の扱いというたんなる学習活動を，思考を深める学習方略に転化して身につけていることがわかる。

　「理系の仕事について，やっぱり詳しく聞かれた！……」「この質問に対してだけど……簡単に答えておいて，……」といった言葉が，短冊を動かしながら自然に出てくる。学び方を学んできた長い期間が，このような主体的な学びをつくり上げている。

3．学習方略のスモールステップ化

　これら学習活動が子どもたちに学習方略として取り込まれていく過程には，指導者側の並大抵でない配慮があった。本校では一貫して学習活動を丁寧に組み立てるよう

にしてきた。その努力が，子どもが学習活動を，学びの手立てとして確実な手応えとともに理解することにつながり，学習方略をスモールステップ化しながら自らの身に取り込むことに結実したのである。

本実践でも，「視点を明らかにした聞き取りメモ」のような学び方の体得に向けた工夫が随所にみられる。学習方略のスモールステップ化が本実践を可能にしたといえよう。

4．子どもとつくる教室の言葉

もちろん単元を通して授業者は一貫して，互いに納得いく話し合いができるように指導・助言を展開している。

「相手の意見を受け止めることの大切さや，話し合いのモラルやマナーを，理論ではなく経験として会得させたいと考え」，「トゲのある言葉を発してしまいがちな子どもたちには，相手の意見を否定せず，受け入れつつも自分の意見に納得してもらう方法とは何か，悩ませる」ようにする。国語の授業で心を育てたいという願いの表れである。

結果，子どもたちは「相手を打ち負かすのではなく，さらなる知識を求めたり，自分たちが調べた内容を上乗せしたりする作戦」を練る。「とげとげしくならない」「表現方法」を話し合う。

実際に話し合いでは，「なるほどと思いました」「いいなと思いました」「確かにそうですね」と，相手の考えを肯定的に認めてから質問をさらに返したり，「納得です」

といった言葉を相手に対して述べたりすることができている。「給食調理員さんの愛情は児童全員に向いていると思いますが，親の愛情は自分にだけ向いているので質が違うと思います」という子どももいる。思考の深まりに驚きを禁じ得ない。

5．多様性を希望に変えることをめざして

本実践の最重要ポイントは，「多様性が生み出す思考の楽しさを味わってほしい」と小野教諭が願ったところにある。子どもたちの学びの振り返りからは，それぞれにこれまでもたなかった考えに出合えていることがわかる。

話し合うことで考えが広がる言葉学びの体験は，「ことばの力」と「心の力」の大切さを自覚することにも結びつく。

「多様性を否定や差別の対象とするのではなく希望に変える」という願いは，このような，知識・技能の集積や学習方略の体得があって，ようやく叶うのである。

生野南小学校の学校づくりのなかで続けられた国語科教育研究。話し言葉の学習が子どもの心の成長に昇華していく手応えを，確かに感じた。

スモールステップを組み立てる
── サイドライン・劇化・段落パズルなどの授業の工夫 ──

小野太恵子・田村泰宏

さまざまなスモールステップ
（左上：サイドラインの種類，
右上：段落パズル，下：劇化）

　生野南小学校の国語科教育研究においては，指導書通りの授業ではついてこられない子どもたちのために，さまざまなスモールステップが編み出されていった。本章では，「読解の基礎（物語文）」，「読解の基礎（説明文）」，「比べ読み（説明文）」，「話し合い」の各領域において，どんなスモールステップが開発されていったのか，その詳細を紹介しよう。

第1節 読解の基礎①（物語文）
—— 暴力をことばに［変える］

小野太恵子

1 本文を正しく読み取るために

1. 授業者の感性を授業づくりの柱に —— 心に響く主人公の言葉から

　生野南小学校における国語科研究は，生活指導上の課題がまだ落ち着いていないなか，2014年度にスタートした。ややもすれば「暴力」で思いを伝えてしまいがちな子どもたちに，「ことば」で伝えられる力を育てる必要があった。しかしながら実際には，言語力の向上をめざすというよりも，人を思いやることや感動するということを何とか伝えられないだろうか，と考えたというのも事実である。

　心に響く授業づくりをめざして，国語科研究は文学教材を読み取ることから始めることにした。表2-1-1は，その後3年間にわたって校内の研究授業で扱った教材の一覧である（＊印は本節で紹介する実践の単元。4年「ごんぎつね」は第1章第1節参照）。

表2-1-1　研究授業で扱った教材一覧

	2014年度	2015年度	2016年度
	光村図書	東京書籍	
1年	「くじらぐも」＊（中川李枝子） （全10時間）	「おとうとねずみ　チロ」（森山京）	「スイミー」＊（レオ・レオニ） （全12時間）
2年	「お手紙」＊（アーノルド＝ローベル） （全12時間）	「お手紙」	「ニャーゴ」＊（宮西達也） （全10時間）
3年	「海をかっとばせ」（山下明生）	「サーカスのライオン」＊ （川村たかし）（全10時間）	「ゆうすげ村の小さな旅館」＊ （茂市久美子）（全11時間）
4年	「ごんぎつね」（新美南吉）	「一つの花」＊（今西祐行）（全7時間）	「ごんぎつね」＊（全13時間）
5年	「大造じいさんとガン」（椋鳩十）	「注文の多い料理店」（宮沢賢治）	「大造じいさんとがん」＊ （全11時間）
6年	「カレーライス」＊（重松清） （全5時間）	「海のいのち」＊（立松和平） （全10時間）	「ヒロシマのうた」＊（今西祐行） （全6時間）

（光村図書『国語』2009年検定，東京書籍『新しい国語』2014年検定）

　子どもたちの「心」を軸に授業展開を考えるには，まず，授業者自身の心が動いた場面や，心に響いた言葉から授業をつくるのが有効だと考えた。子どもたちに何を伝えたいかを明確にし，それを伝えて子どもたちの「心」が動くためにどんな読解方法を用い，どんな山場をつくればよいのか——教師たちがとことん議論し，一つ一つの授業をつくってきた。

　表2-1-2に示しているのは，授業者の心が動いた「一文」と，そこから子どもたちに読み取らせたいと考えた内容の例である。たとえば，本書第1章で紹介している4年「ご

んぎつね」の実践の場合，授業者が取り上げたいと考えたのは，「引き合わないなあ」というごんの独り言だった。この独り言の背後には，相手を思う気持ちと自分をわかってほしい気持ち，両方が入り混じっている。その一文に焦点を合わせることで，重複する感情と自己の葛藤について考えさせたい，という願いを授業者はもっていた。

　このように生野南小学校では，子どもたちを感動へと導く授業づくりのために，技法から授業をつくるのではなく授業者の感性をたどる形をとった。

表2-1-2　焦点を合わせたい「一文」と読み取らせたい内容

学年と教材文	「一文」→読み取らせたい内容
1年「スイミー」	「ぼくが，目になろう。」 →協力して困難を乗り越えるということ
2年「ニャーゴ」	「ううん。」 →あたたかい言葉や友だちの大切さ
3年「ゆうすげ村の小さな旅館」	「そういうことだったの。」 →豊かな想像力，自然との共生
4年「ごんぎつね」	「引き合わないなあ。」 →重複する感情と自己の葛藤
5年「大造じいさんとがん」	「ううん。」 →ライバルとの戦い，仕事への誇り，友情
6年「ヒロシマのうた」	「会ってみたいな。」 →戦争と平和，自己肯定感，家族の絆

2. サイドラインの活用──どこに引くのか

　教師たちで指導方法を議論するなかで一つの有効な方法として編み出されたのが，サイドラインの活用である。子どもたちの様子を見ていると，教科書にある文字のかたまりを眺めているために，だれを中心とした場面なのか，だれが何を言っているのかをとらえることが困難な子どもたちが多いように感じられた。そこで，授業の中心となるキーセンテンスをサイドラインで追いかけることにした。教材文によって物語全体を同じ視点で読み取っていったり（表2-1-3），場面ごとに視点を変えたりして（表2-1-4），視点をもった読解へと導くことをめざした。

表2-1-3　サイドラインを引く箇所（物語全体を同じ視点で読み取る場合）

サイドラインを引く場所	教材
会話文	1年「くじらぐも」　　2年「お手紙」「ニャーゴ」
主人公を追いかける	1年「おとうとねずみ　チロ」「スイミー」 3年「海をかっとばせ」　　4年「ごんぎつね」
二者を追いかける	5年「大造じいさんとがん」　　6年「カレーライス」

表 2-1-4　サイドラインを引く箇所（場面によって異なる視点で読み取る場合）

3年「サーカスの ライオン」	3年「ゆうすげ村の 小さな旅館」	4年「一つの花」
第1・4・5・6場面 ➡じんざの様子や行動 第2・3場面 ➡会話文 第7場面 ➡心に残った一文	第1・2場面 ➡つぼみさんの人物像 第3・4場面 ➡ファンタジーのしかけ 第5場面 ➡娘とつぼみさんの心情 第6場面 ➡つぼみさんの言動	第1場面➡戦争中の暮らし 第2場面➡父母の会話 第3場面➡戦局の激しさ 第4場面➡父の娘への思い 第5場面➡平和の訪れと幸せ
5年「注文の多い料理店」	6年「ヒロシマのうた」	6年「海のいのち」
第1場面➡二人の紳士の人物像 　　　　がわかる所 第2場面➡扉の言葉の意味をど 　　　　うとらえたか 第3場面➡二人の紳士の言動と 　　　　様子	第1場面➡戦争の悲惨さ（情景・ 　　　　思想） 第2場面➡戦後7年目の「わた 　　　　し」の行動や心情 第3場面➡戦後15年目のヒロコ 　　　　への「わたし」の心情 　　　　（葛藤）	第1・2場面 ➡父が抱く海への思い 第3・4場面 ➡与吉じいさの海への思い 第5場面➡太一の母への思い 第6・7場面➡海底の情景描写 第8場面➡大人になった太一

　授業者が選んだ場面を軸に，そこに至るまでの一場面ずつを読み込み，場面ごとに深めておくべきことは何か，そのためにどこにサイドラインを引き，何を書いてどう話し合うのか，ここ一番での教材の見せ方はどのようなものか，クライマックスに向けて思考に揺さぶりをかける発問は何かなど，議論は白熱した。

　子どもが引いたサイドラインを全体で共有しながら，それ以外の描写にもふれるような発問を織り交ぜることで，本時のポイントを押さえながら文章の隅々まで読めるように配慮したい。授業者の「思い」をありとあらゆる「技法」を用いていかに実現させていくか，若い先生もベテランの先生も関係なく全員で真剣に議論したからこそ，伝えるべき「価値」が明らかになっていったのである。

　たとえば4年「ごんぎつね」（本書第1章参照）について，授業者は「第5場面が一番ごんらしい」という思いをもっていた。第5場面で，ごんのつぐないを神様のしわざだと言う兵十と加助のやりとりを聞いて，「引き合わないなあ」とつぶやくごんの複雑な心境をつかませたい。その願いから，ごんの心情別にサイドラインを引くという学習活動が編み出された。指定された色を使いながら，二重三重にサイドラインを引く。また，どんな色でサイドラインを引いたのか，それはなぜなのかを友達と語り合う。このような活動は，人の心の複雑さの一端を子どもたちに理解させるものとなったといえるだろう。

　以下では，各学年のいくつかの単元を例にあげながら，物語の読みに関して，具体的にどのような「技法」が編み出されていったのかを紹介しよう。

2 〉低学年の実践

1. 1年「くじらぐも」(2014年度, 全10時間。授業者は秋元雄之教諭)

　本実践では, 電子黒板の機能を活かし, 挿絵に拡大・縮小をかけ, 読解の支援とした。「天まで　とどけ, 一, 二, 三。」と, クラスのみんなでくじらぐもにのって空を旅する場面では, 教科書の挿絵をアップにしたりルーズにしたりして電子黒板に映し, 楽しそうな顔や, 怖がっている顔などを一緒に見つけていくことで, 物語の世界に入り込めるようにした。

　雲の上でどんなことを話しているのか想像させ, 挿絵のなかから3人を選び, その子になりきって会話文を書く。ストーリーのなかに子どもたちの個性を織り交ぜながら, 全体で交流していくうちに, 全員で空の旅を楽しむことができるようになっていた。

図2-1-1　挿絵を拡大・縮小する

　また, 「うみの　ほうへ, むらの　ほうへ, まちの　ほうへ。」という場面では, 雲の上から眺めた街の景色を, 同じように映し, 見えたものを伝え合うことで, 本当に空の旅をしているような気持ちになり, 目を輝かせて学習に取り組んでいた。

2. 1年「スイミー」(2016年度, 全12時間。授業者は白川(江川)由里子教諭)

　本実践において, 授業者は, 少し強くなったスイミーが知恵と勇気を振り絞って叫んだ言葉——「ぼくが, 目になろう。」——に注目した。この言葉に焦点を合わせることで, 「協力して困難を乗り越えること」を伝えたいと考えたのである。また, うしろめたさを抱え生きていたスイミーが, 仲間に勇気を伝える場面に迫るには, むしろ本文には書かれていない仲間の様子にスポットを当てるべきではないかというアイデアも, 指導案検討会で生まれた。

　担任は, 「教室を海の中のようにしたい!」と発案し, 窓側一面に青いスズランテープを貼り付けた。後方の掲示板には, 不思議な魚がたくさん泳いでいる(図2-1-2)。これは, スイミーを元気づけた魚たちだ。子どもたちには, 事前に家庭学習で, 不思議な海の生き物たちを描き, 「生きものずかん」をつくることを求めた(図2-1-3)。これは, 語彙力の乏しい子どもたちへの支援という意図もあった。

図2-1-2　海の生き物の掲示

本文にある「にじいろの　ゼリーのような　くらげ。」「水中ブルドーザーみたいな　いせえび。」「ドロップみたいな　いわから　生えて　いる，こんぶや　わかめの　林。」といった面白い表現が大好きになった子どもたちは，自分たちも「○○みたいな魚たち」を考えることにした（たとえば，「にじみたいにきれいないろのさかな」「ダイヤモンドみたいにかがやくさめ」「すいちゅうバスみたいなうつぼ」などである）。スイミーを元気づけるために，一生懸命描いた魚たちが泳ぐ海の中で，にぎやかで楽しい読解が続いた。

図2-1-3　家庭学習で作成した「生きものずかん」　　図2-1-4　物語の場面を劇にする

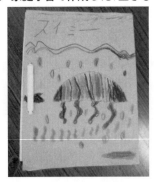 

　単元のクライマックスでは，スイミーや魚のきょうだいたちが，大きな魚を追い出すために力を合わせる場面を劇化した（図2-1-4，本章扉の写真参照）。あえて仲間の魚たちを演じさせることで，「スイミーは　教えた。けっして　はなればなれに　ならない　こと。みんな　もちばを　まもる　こと。」という本文を体現していく活動が自然に成り立った。さらに子どもたちは，「肩から手を離したらだめだよ」「動いても今の場所から離れたらだめだよ」と，行間にある臨場感をも読み取っていった。これまでにスイミーの孤独を丁寧に読み取ってきたこと，そして今，力を合わせることの大切さを体験したからこそ，あの名言「ぼくが，目に　なろう。」を言ったスイミーの心情に迫ることができたといえよう。

3．2年「お手紙」（2014年度，全12時間。授業者は礒谷容子教諭）

　どの学年でも物語の学習の足跡は，壁面掲示に残した。子どもたちの考えを書いた吹き出しを挿絵と一緒に掲示したり，2人の登場人物の言動や心情を整理したりし，いつでも振り返られるようにした。図2-1-5は，本実践での掲示である。一文一文を細かく読み進めつつ，がまくんとかえるくんの心の動きをとらえていった足跡が残されている。
　単元のクライマックスは，「きみに　お手紙　出したんだもの。」と，かえるくんから打ち明けられたがまくんが，一番うれしかったところはどこかを選ぶ活動に取り組んだ。「きみが。」「お手紙に，なんて書いたの。」「ああ。」「とても　いいお手紙だ。」というかえるくんの言葉のなかから，自分が選んだ一文にシールを貼り，その理由を話し合った（図2-1-6）。

図 2-1-5 「お手紙」での壁面掲示

図 2-1-6 一文を選ぶ

図 2-1-7 関連図書コーナー

　なお，折々には，生野図書館と連携して，教室内に関連図書コーナーを設置した（図2-1-7）。本の紹介や読み聞かせを積極的に行い，国語科の学習が日頃の読書活動につながることをめざした。

4．2年「ニャーゴ」（2016年度，全10時間。授業者は山阪美紀教諭）

　本実践では，読み取ったことを音読にのせて発表し合う形を多く取り入れた。読みの深まりを，音声言語で表すために，どこをどんなふうに読むとよいかを班で話し合う。子ネズミにできるだけこわい顔で叫んだニャーゴの声。子ネズミたちの無邪気な優しさにふれ，思わずもれてしまったニャーゴの声。どう読み分けるかを話し合わせる。

　このとき，宮西達也氏の絵本にたびたび出てくるニャーゴの絶妙な表情をトリミングし，入れ替えるなどして，微妙な心情をとらえるための支援とした。また，お面も用意して，役割分担を明確にした。

　本時の初めと終わりのニャーゴの変容に気づき，その原因である子ネズミたちとの会話を，子どもたちの音読に合わせて図2-1-8のように吹き出しを一つ一つ貼っていく。いったい，子ネズミたちのどの言葉がそうさせたのか，どこをどんなふうに読んだらよいのかを問い，班での劇化（役割読み）につなげる。

　子ネズミのお面をつけた子どもたちは，意地悪なニャーゴの心が動くように，優しく元

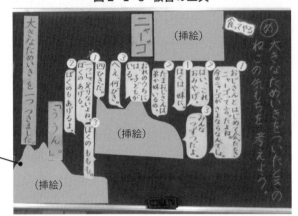

図2-1-8 板書の工夫

※絵本を拡大
コピーして
貼っている

（挿絵）

図2-1-9 音読の工夫を話し合う

気に読もうと工夫し，何度も練習していた（図2-1-9）。音読が苦手な友達にお手本を見せてアドバイスする様子も見られ，ニャーゴ役の「うぅん。」もだんだん進化していった。

　子どもたちが考えた，ニャーゴの気持ちには，「ああ残念，1匹も食べられなかった」や「家に帰ったら怒られる！」「本当に食べたいのは桃じゃなくて子ネズミだったのに……」などが出た一方で，「友達っていいな」「やさしくされたら困るなあ」など，うれしい気持ちもとらえられていた。相反する気持ちを板書上で色分けし，「複雑な気持ち」をニャーゴと一緒にみんなで味わった。

③ 中学年の実践

1. 3年「サーカスのライオン」(2015年度, 全10時間。授業者は白川（江川）由里子教諭)

　本教材の第4場面では，男の子のアパートが火事となる。部屋の中で気を失っていた男の子を助けるじんざをサイドラインで追いかけるクライマックスでは，まず，男の子を助けようとするじんざの心情に迫るため，「ウォーッ」に込められた思いを想像した（図2-1-10）。

　さらに，炎とともに空高くかけ上がるじんざに迫るため，教師がじんざ，子どもたちを町の人々という設定で，劇化した（図2-1-11）。授業者が，臨場感を出しながら，「のぼってきた男の人にやっと

図2-1-10 板書の工夫

のことで子どもをわたすと，じんざはりょう手で目をおさえた。けむりのために，もう何にも見えない。」と場面を読み上げる。本文には，「早くとび下りるんだ。」という町の人々の声がある。これ以外に，自分ならどんな言葉をかけるかと問うと，子どもたちは，「あきらめるな！　もう一度，サーカスに出るんだろ！」「ぜったいに死ぬな！自分の命も大事にしろ！」とじんざの無事を願う町の人々になりきって，セリフを考えた。

　このように丁寧に読み込んだからこそ，「ぴかぴかにかがやくじんざ」「金色に光るライオン」の意味や，なぜそう見えたのかという物語の主題を真剣に話し合うことができた。

「主人公日記」を書く

　授業の展開例が豊かになるにつれ，子どもたちの読解力の差を考慮することが必要になった。時間さえあれば，じっくりと味わいながら，正しく読み取ることができる子どもたちが多かったことから，音読以外の宿題を出すようにした。

　中学年では，「じんざ日記」「つぼみさん日記」「ごん日記」など，その日授業で学習した場面について，主人公になりきって，一日を振り返った日記を書いた（図2-1-12）。これにより，授業のなかで「伝え合う時間」を確保することも可能になった。

図2-1-11　教師が「じんざ」を演じる

【本文】のぼってきた男の人にやっとのことで子どもをわたすと，じんざはりょう手で目をおさえた。けむりのために，もう何にも…

図2-1-12　「じんざ日記」

2．3年「ゆうすげ村の小さな旅館」(2016年度，全11時間。授業者は別所美佐子教諭)

　本実践では，架空の村に住む人や動物たちの様子を，身近に感じられるように，まず，本文の内容と想像したことを話し合いながら，模造紙3枚分のゆうすげ村の世界をつくった（図2-1-13）。

　「旅館の近くには林道を通すための林があるはず！」「その林には助けてもらった鳥の巣があるで！」「裏山のほうに畑をつくらな！」「川も流れてるかな」など，想

図2-1-13　みんなでつくった「ゆうすげ村」

像したことをのせていった。教科書を何度も読み返しながら読解を視覚化していく作業は，本文に忠実でありながら，ファンタジーの世界へ引き込む手立てとなった。この作業を通して，不思議さ，優しさ，すべてがわかった瞬間の，つぼみさんの静かなつぶやき「そういうことだったの……。」に迫ることができた。

3. 4年「一つの花」(2015年度，全7時間。授業者は筆者 (小野太恵子))

　本実践では，最後の第5場面で，やっと訪れた平和と幸せがわかる部分にサイドラインを引き，物語を象徴する「コスモス」の意味を考えた。そのために，前時の別れの場面では，お父さんの言動のみにサイドラインを引き，「なぜにっこり笑ったのか」「なぜ何も言わなかったのか」「なぜ家族ではなく一つの花を見つめていたのか」と問い，お父さんがコスモスに込めた思いに迫った。

　たくさんのコスモスの花に囲まれたラストシーンでは，忙しくミシンを踏むお母さんが，天国のお父さんに心の中で語りかけるとしたら何を伝えたいかを考え，前時と対比させ，お父さんの面影を本文から探しながら，書き手がこの作品に込めた思いにじっくりと向き合った。

4 > 高学年の実践

1. 5年「大造じいさんとがん」(2016年度，全11時間。授業者は筆者 (小野太恵子))
①事前学習ワーク

　高学年になると，さらに深い読みが必要となる。本実践では，銃をおろしてしまうほど，勇敢なライバルの姿に思わずもれた大造じいさんの声「ううん。」に迫らせたいと考えた。

　まず図2-1-14のように，本時で考えてほしいことを課題として出した。その際，文章を正確に読み取ることが必要となる。そこで，大造じいさんの行動に青線，残雪の動きや気配がするところに赤線のサイドラインを引いて読み進めるよう求めた。そうやって読み深めた結果，自分なら「めあて」を何にするかを考えてくるよう指示した。このように授業の導入は，いつも「めあて」を決めることからスタートした。

②ペープサートによる劇化

　大造じいさんがおとりの計略をもって残雪と戦う場面では，「残雪」「おとりのがん」「はやぶさ」の動きや位置関係を，本文をたどりながらペープサートで表現するように求めた（図2-1-15）。この時間については，おとりのがんを緑，はやぶさを茶色という4色のサイドラインを引きつつ読み取った。また，大造じいさんについては，本文に書かれた心情と表情のほかに，想像される動きを身体でも表現させた。

　そうした活動を通して，本文で，どのような動きが描かれているか，またそこからどのようなことが想像できるかを検討した（表2-1-5）。初めは本文を読みながらペープサー

図2-1-14　事前学習用のワークシート

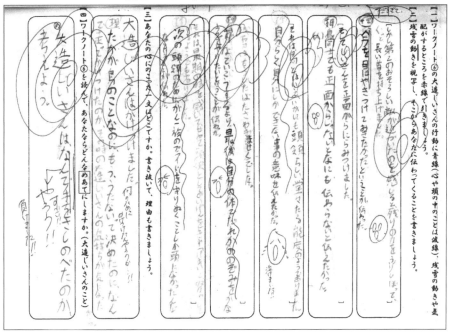

トをゆっくりと動かしていたが，何回か繰り返す
うちに行間をも読みはじめ，それぞれのイメージ
をのせた読解となっていった。

図2-1-15　空中戦の場面をペープサートで再現する

表2-1-5　本文からわかる動きとそこから想像したこと（一部）

役割	本文からわかる動き　※想像したこと
残雪	ものすごい羽音とともに，がんの群れが一度にばたばたと飛び立つ。
大造じいさん	「どうしたことだ」小屋の外にはい出す。 ※険しい表情で空を見上げ，原因を探す。
はやぶさ	がんの群れを目がけて，白い雲の辺りから，何か一直線に落ちてきた。
残雪	すばやい動作で，はやぶさの目をくらませながら，飛び去っていく。
おとりのがん	飛びおくれた。 野鳥としての本能がにぶっている様子。

はやぶさ	おとりのがんを見のがさない。 ※残雪と戦いながら，おとりのがんを視界に入れている様子。
大造じいさん	ピュ，ピュ，ピュと，口笛をふく。 ※心配そうな表情。
おとりのがん	大造じいさんのほうに方向を変える。 ※動きはゆっくり。
はやぶさ	おとりのがんが大造じいさんのほうに向かう道をさえぎって，ぱあんと一けり入れる。 ※ものすごいスピード。
おとりのがん	ななめにかたむく。 ※よろよろとしている。
残雪	※仲間を安全な場所まで連れていく。
はやぶさ	もう一けりと体勢を整える。
残雪	はやぶさをめがけ，ものすごいスピードで向かってくる。
大造じいさん	ぐっとじゅうをかたに当て，残雪をねらうが，何と思ったか，またじゅうを下ろしてしまった。

③「子ども会議」での話し合い

　この単元では，お互いの考えを伝え合うだけではなく「練り合う」こともめざし，各時間，下記のような問いを投げ，全体で話し合う時間（「子ども会議」）を設けた。

- ・大造じいさんと残雪の人物像は，どのようなものか。
- ・うなぎつりばり作戦は，どうすれば成功したのか。
- ・たにし作戦には，何が足りなかったのか。
- ・おとり作戦は，はやぶさが来なければ成功していたのか。
- ・空中戦を見上げていた大造じいさんは，なぜ，銃を下ろしたのか。
- ・大造じいさんの心を強く打ったであろう，残雪の行動はどこか。
- ・ライバルとして戦ってきた2人に共通する点はどこか。
- ・4年目は，どんな作戦でどんな戦いをするのか。

　「子ども会議」では，子どもの1人が司会を担当し，できるだけ子どもたちだけで話し合いを進める。机をコの字型にし，その中央に小黒板を置き，話し合う場面の教科書の拡大コピーを貼って，できる限り前の人の意見に関連づけた意見を言えるようにした（図2-1-16）。そのために，自分の考えと比べながら聞くこと，また「話し合いのきまり」（図2-1-17）も掲示し，共感する言葉や話をつなぐ言葉を活用するよう意識させた。

図2-1-16 「子ども会議」の様子

残雪とはやぶさの地上戦の場面では，自分が大造じいさんだったら，表2-1-6の4つの文のうち，どこに心動かされるのか，理由とともに話し合った。同じ一文を選んでいても受け取り方が違っていたり，同じ印象だったとしても，それが伝わる一文が違っていたりして，話し合いはなかなか終わらなかった。授業者は，4つの文について子どもたちから出た意見を，小黒板の後ろ側で板書していく。板書により話し合いの成果を全体で共有したことで，「大造じいさんの心情の変化」という本単元の主題に向き合うことができた。

図2-1-17 掲示「話し合いのきまり」

表2-1-6　本文の描写と，そこから想像されること

「むねの辺りをくれないにそめて，ぐったりとしていました。」 →倒れながら，きっと仲間のことを思っていると思う。／それだけ激しい戦いだった。／ 　仲間を助けたのは初めてじゃないんだと思った。
「残りの力をふりしぼって，ぐっと長い首を持ち上げました。」 →それでも起き上がるんだと感動した。／苦しいのに，辛いのに，まだ戦う姿勢。／ 　頭領としてのプライドで，限界を超えようとしている。
「じいさんを正面からにらみつけました。」 →「正面」というこの言葉。／仲間のために，もう一度戦うのか。／死ぬことを覚悟している。
「もう，じたばたさわぎませんでした。」 →せめて最期くらい……という気持ち。／大造じいさんへの信頼？／プライド

2. 6年「ヒロシマのうた」(2016年，全6時間。授業者は秋元雄之教諭)

①「ヒロ子」の思いに迫る

　本実践では，実の母の死について真実を知り，相手を心配させまいと動揺を隠しながらつぶやいた「あたし，お母さんに似てますか？」から，おそらく本当の気持ちであろう「会っ

てみたいな……。」というつぶやきまでの「間」にあった, ヒロ子の思いに迫りたいと考えた。

　悲しみを受け入れ, やっと言葉にできたヒロ子の実の母への本当の気持ち。並行して, ヒロ子に真実を告げる「わたし（元水兵）」の葛藤も確認できるよう, 本文を丁寧にアニメーションで示した。ヒロ子の心情に重なるように, 色彩等の描写も検討を重ねた。

②「心の小見出し」

　実践当時の6年生は, 全体の場で挙手して発言することが苦手な子どもが多いという実態があった。読解方法を学ばせるだけでなく, 話し合い活動において高学年に見られがちなこの課題に, どう対処していくか。検討会で知恵を出し合った結果, 考案されたのが,「心の小見出し」であった。

　真実を知り, 複雑なヒロ子の気持ちを, まずワークシートにしっかりと書く（図2-1-19）。でき

図2-1-18 「わたし」の葛藤場面を描いた
アニメーションスライド

図2-1-19 考えをワークシートに書く

たら, 自分の考えを読み返し, そこに小見出しをつける。自分の名前は書かず, 短冊に小見出しのみ書いて, できた子どもから黒板に貼りに来させた（図2-1-20）。また, 次々に貼られていく小見出しを静かに読みながら, 聞いてみたいものを見つけるよう指示した。

図2-1-20 黒板に貼られた「心の小見出し」

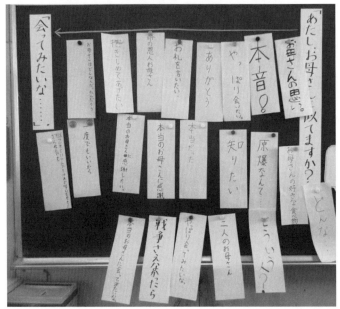

③全体交流

　全体交流では，苦手な挙手ではなく，「読んでみたい小見出し」を言い，発表をつなげていく。たとえば，小見出しに「本音」と書いていた子どもは，「水兵さんに本音を言おうかな……。でも，水兵さんを困らせたくないし……。水兵さんに聞こえるか聞こえないかの声で言えば大丈夫かな……」というヒロ子の思いを発表した。

　続けて，「小見出し『お礼を言いたい』を聞きたいです」とリクエストする。そこで，小見出し「お礼を言いたい」を書いた子どもは，「悲しい気持ちになったけど，私を命がけで守ってくれたお母さんにお礼が言いたい。色々あったけど，今幸せだから，産んでくれて守ってくれてありがとう」とヒロ子の思いを代弁した。さらに，「小見出し『一度でもいいから』を聞きたい」と次の子どもへリクエストをつなげた。子どもたちは安心しているような，でも選んでほしそうな，微妙な表情を浮かべながら友達の意見に耳を傾けていた。

　研究の立ち上げから3年がたち，学校も落ち着きを見せていた。それでも12歳という思春期ならではの根強い課題をもつ子どもたちに，いまだ格闘していた担任を隣で見ていた。子どもたちの発表は，声も小さく語彙も少ない。でもヒロ子の気持ちにきちんと寄り添えていた。その成長と同僚の頑張りに目頭が熱くなった，忘れられない授業である。

5) 実践を振り返って

1. 子どもたちの変化

　2014年度，第1回目の研究授業は6年「カレーライス」だった。学級経営に苦戦しながらの7月，自分の意見をみんなの前で言える雰囲気からは程遠く，それぞれのワークシートに花丸をして回ることからスタートした。子どもたちは自信がないという以上に，みんなの前で意見を言うことに恐怖心を抱いていた。しかし，おそるおそるではあったが，ペアで話し合い，真剣に聞いてくれる友達の姿にふれ，グループのみんなの意見から考えが広がる面白さを知っていったことで，少しずつ自信をつけていった。それでも，物語の主題となると，いきなりの発表はできず，まず図2-1-21のような吹き出しに書いて，掲示してから全体交流へとつなげた。

図2-1-21　吹き出し

　全学年の実践が進むにつれ，ペア交流も自由に立ち歩いてできるようになり，「なるほど」「確かにそうだね」「そういう考えもあるんだね」「すごくいい考えだ」「私は違う考えです」など，受け取りの言葉や返す言葉をも使うことができるようになっていった。

　グループワークは，主題に迫る直前に取り入れることが多かった。たとえば，6年「海

のいのち」では，瀬の主（クエ）を殺さなかった太一の心情に迫る前に，微動だにしない瀬の主から受け取ったことを話し合う。一人で主題に向き合う前に，違う視点から物語をとらえなおし，友達と話し合う時間は，個々の深い思考へと導く手立てとなった。

　授業の最後には，これまでさまざまな方法で先生や友達と対話し，読み取ってきたことを振り返り，一番深めたい内容を自分一人で考えさせる時間を設けた。ワークシートに書いた自分の考えを，一人一人挙手し，自分の言葉で発表し合う時間を大切にした。

2. 指導案検討会

　このような子どもたちの変化を生み出すことができたのは，教師たちが指導案検討会で密に議論を重ねた成果だった。うしろめたさを抱え生きていたスイミーが，仲間に勇気を伝える場面に迫るには，むしろ本文には書かれていない仲間の様子にスポットを当てるべきではないか。乱暴で意地悪なニャーゴの微妙な表情にぴったり合う挿絵が，絵本にならあるのではないか。ゆうすげ村のリアルな位置関係やファンタジーをどうしたらとらえられるのか。優しさと孤独が入り交じるごんの複雑な心境を子どもたちが言語化するには，どんな支援が必要か。頭領のがんと狩人の大造じいさんに共通する誇り（プライド）をとらえるために，両者をどう対応させて読んだらよいか。気丈にふるまうヒロ子の葛藤が予想される「静かな間」に気づかせるために，長い本文をどう扱うか。

　読書量と語彙力が圧倒的に少ない子どもたちを，どうすれば物語の世界に連れていくことができるか。指導の工夫を話し合うことで，「できうることはすべてやろう」という空気が創られていった。この空気感が後に続く国語科研究や『「生きる」教育』（第1巻参照）にも大きく影響することになったというのが実感である。

　学級の子どもたちのことは，担任が一番よく知っている。先行研究の素晴らしい技法を田村先生から学びながらも，それをただまねるのではなく，担任の見立てを信じ，子どもたちにぴったり合った方法を，枠にとらわれず模索し続けた3年間だった。

第2節 読解の基礎②（説明文）
── 文章構成を読み解く

小野太恵子

1 スモールステップを見いだす

1. 読解方法を広げ，深める（2017年度）

　2017年度からは，説明文の読解研究をスタートすることとなった。説明文の読解研究には3年間をかけたが，本節では2017〜2018年度の取り組みについて報告しよう。

　2017年度は，それまでの3年間で培われた物語の読解方法（第1節参照）を活かしつつ，表2-2-1に太字で示している各単元の目標をめざしてさまざまなスモールステップを見いだすことからスタートした（＊印は本節で紹介する実践の単元）。

表2-2-1 2017〜2018年度に研究した単元一覧

	2017年度		2018年度
	情報活用	自分の考えを深める	読解の基礎
1年	「いろいろな　ふね」 事柄ごとに正しく読み取り，他の本を読んで調べたことをまとめる。	**「歯が　ぬけたら　どうするの」** 文章を読んで似ているところや違うところを考え，自分のやってみたいやり方を伝え合う。（全13時間）	**「どう　やって　みを　まもるのかな」**＊ 「とい」と「答え」の関係を理解し，正しく読む。（全6時間）
2年	「ビーバーの　大工事」（中川志郎） 大事な言葉や文に気をつけながら読み，他の本などを読んで調べたことをまとめる。	**「あなの　やくわり」**（丹伊田弓子） 読み取ったことをもとにして，身近な道具などにある穴の役割について説明する。（全8時間）	**「たんぽぽ」**（平山和子）＊ 文章の順序に気をつけて，文章の内容を読み取る。（全12時間）
3年	**「もうどう犬の訓練」**（吉原順平） 大事な言葉や文を見つけながら文章を読んで，書かれていることを要約する。（全5時間）	「人をつつむ形」（小松義夫） 文章や絵から読み取ったことを整理し，いろいろな家のつくりについて考える。	**「自然のかくし絵」**（矢島稔）＊ 段落ごとの内容をとらえる。（全10時間）
4年	「くらしの中の和と洋」 何をどのように比べているかを読み取り，調べたことを目的に応じて引用したり要約したりする。（全10時間）	「『ゆめのロボット』を作る」（小林宏） 2つの文章を関係付けて読み，自分たちの生活とロボットの関わりについて考える。	**「ヤドカリとイソギンチャク」**（武田正倫）＊ 段落と段落の結びつきを考えながら読み，文章のまとまりをとらえる。（全10時間）
5年	「和の文化を受けつぐ」（中川圭子） いろいろな本や資料を目的を意識して読む。（全13時間）	**「テレビとの付き合い方」**（佐藤二雄） 例と意見との関係に注意して読み，自分とメディアとの関わりについて考える。（全5時間）	**「動物の体と気候」**（増井光子）＊ 文章の構成を考えながら読み，要旨をとらえる。（全7時間）
6年	「町の幸福論」（山崎亮） 複数の資料から読み取った情報を目的に応じて活用する。（全13時間）	「プロフェッショナルたち」 文章を読んで，そこに書かれた人物の生き方から，自分の将来の夢や生き方を考える。	**「イースター島にはなぜ森林がないのか」**（鷲谷いづみ）＊ 事実と意見を区別しながら文章を読み，それに対する自分の考えをもつ。（全7時間）

（東京書籍『新しい国語』2014年検定）

①サイドラインと劇化

　1年「歯が　ぬけたら　どうするの」では，「すること」と「理由」をいきなり読み分けることが困難であったので，先に動作化を取り入れ，体現したことに合う文を探し，サイドラインを引いた。2年「あなの　やくわり」では，絵や写真を本文とつなげながらサイドラインを引き，3年「もうどう犬の訓練」では，「人が犬にさせること」と「犬ができるようになること」とを2色のサイドラインで読み分けることで，混乱しないようにした。劇化はとくに低学年で用い，動物や植物になりきり，体を動かしながら思考を広げた。

②文パズル・段落パズル

　一文や段落の役割が明確な説明文では，その役割を理解させるために，キーワードや文意から，順番を考えさせる活動を多く取り入れた。

③教材の工夫

　教材を「どう見せるか」についても検討を重ねた。4年「くらしの中の和と洋」では，洋室・和室にある家具を再現し，本文に沿って動かせるようにした（図2-2-1）。また，1つの文に含まれる2つの意味を読み取るために，本文そのものをアニメーションで動かすなど，つぶやきが飛び交うような効果的な見せ方・使い方を工夫した。

図2-2-1　動く教具

④シンキングツール（思考ツール）

　思考を広げたり，要約文を考えたりする手立て
として，「クラゲチャート」や「バタフライチャート」といったシンキングツールを活用し，考えを整理することにも取り組んだ。

2. 対話が生まれる読解方法（2018年度）

　2018年度，「読解の基礎」領域の授業研究では，縦の指導系統をとらえることをめざし，正しく読み取るための緻密な手立てを6学年分，見いだした（表2-2-1）。絶妙な揺さぶりをかけると，本文を根拠にした友達との対話が生まれる。その対話から，文章構成の仕組みに気づくことができるような展開を考え，そこに必要な教材の質や見せ方について検討を重ねた。

　主体的な学びとなるよう，単元の導入時には興味を引くような「読みの構え」を提示する。大切な言葉や文に自ら着目できるよう支援し，動的・対話的な活動のなかで書き手の意図に迫る。心を動かされたことを振り返り，自分ならどう考えるのか，学んだことを自分事とし，自分自身と向き合う時間を大切にすることで，深い学びへと導いた。

　取り組んだ6本の教材は，「動物」「植物」「昆虫」「海の生き物」，そして「人間」をテーマとしている。子どもたちは一語・一文に立ち止まりながら，あらゆる生き物が「生きる」

ための方法を正しく，そして想像しながらに読み取っていった。以下では，研究授業として取り組んだ授業の様子を紹介しよう。

②　低学年の実践

1．1年「どう　やって　みを　まもるのかな」(全6時間。授業者は中尾悦子教諭)

①「読みの構え」をつくる

　本教材は，子どもたちが入学後に初めて出合う説明文教材である。活動的な読み取りを通し，知らなかったことを知る喜びを味わいながら，繰り返されている文章構成に自ずと気づいていくような展開を考えた。また，子どもたちにとって「身を守る」ということが身近ではなかったことから，導入時の「読みの構え」として，図2-2-2のような内容を話し合った。

図2-2-2 「読みの構え」をつくる

あなたはどうする？
・こわい犬がきた
・じしんがおきた
・石がおちてきた
・蚊がとんできた
・家に悪い人がきた

②音読によって大切な言葉を見つける

　続いて，音読を3度行う。1回目は教師の後に続いて一段落ずつ読み，2回目は一斉に読む。3回目の音読の前に，「おどかす」や「さかだち」などのすかんくの動きと，「てきがきたら」「てきがにげないと」の表現に注目させた。子どもたちのつぶやきにのせて，授業者がペープサートを動かす（図2-2-3）。3回目の音読では，「A　問い」「B　問いの答え」「C　A・B以外（体の特徴・身の守り方・具体的な方法）」という3グループに分け，役割読みをする。「とい」と「こ

図2-2-3 ペープサートを動かす

たえ」の関係についてはふれていないが，それぞれの役割を意識した音読ができていた。

　音読を通して全体で本時の文章をしっかり確認した後に，「今日の動物は？」「すかんくの武器は？」と問い，自分の力でキーワードを探すように促す。「しる」が文中に何度も出てくることに気づかせ，話の中心となる大切な言葉としてワークシートに丁寧に書かせた（図2-2-4）。

③すかんくになろう！

　次に，自分たちですかんくになりきって，敵が来たときの様子を想像する活動に取り組んだ。本文では，敵が来たときの具体的な方法が，2段階で記されている。そこを理解させるために，動作化を取り入れた。

第2章　スモールステップを組み立てる

083

図2-2-4 重要な用語をワークシートに書かせる

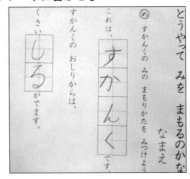

　天敵のわしをペープサートにして授業者が動かし，子どもたちは逆立ちをしたすかんくのペープサートを持ちながら，ワークシートに書いたすかんくのセリフを発表する。その内容に，「くさいしる」のことが書かれていたら，「てきが　にげないと」に続く文意が理解できているということであり，そこに至っていなかったとしても，全体で楽しく発表し合ううちに，つながってくるのではないかと期待した。このとき，ほかの子どもたちは地の文を音読し，「てきが　きたら」と「てきが　にげないと」の間に発表を挟む形をとった。

図2-2-5 スカンクのつもりになってセリフを考える

　子どもたちは発表したくて仕方ない様子で，敵を前に必死になっているすかんくの心情を自分らしく表現した。ほかの子どもたちもワクワクした様子で懸命に聞いていた。

　説明文をより豊かに読み取るために，疑似体験を取り入れることは，低学年らしい読解方法だと考えられる。だからこそ，想像したことと，本文の内容とがきちんと行き来できるような展開となるよう留意した。

④文のしくみに気づく「しかけ」

　本単元では，本文を段落の役割ごとに色分けして提示し，毎時間役割読みを行った。前時までを振り返る場面では，やまあらしやあるまじろについて「どのようにして身を守るのでしょう」と意図的に問いかけるようにした。

　最後に教材全体を振り返り，ピンク色の文（問い）同士，黄色の文（答え）同士を比較

させ, 共通点を探した。複数の授業を串刺しするような質問に, 初めは戸惑いを見せていた。しかし, やがて, 「ピンクは, やまあらしもあるまじろも『どのようにみをまもるのでしょう。』って, みんな同じこと言っている！」「これを『しつもん』っていうんじゃない？」「黄色で武器のこと言ってるから『こたえ』だ！」といった発言が聞かれることとなった。子どもたちは, これまでの活動や読解を活かし, 「とい」と「こたえ」という説明文の基本構造に自ら気づくことができたといえるだろう。

２．２年「たんぽぽ」（全12時間。授業者は菊井威教諭）

本教材は, 「話題提示→説明①（たんぽぽの花の仕組み）→説明②（たんぽぽの仲間の増やし方）→まとめ」という構成になっており, 段落間を接続詞ではなく, 時間の経過を意識した語句を用いてつないでいる。授業者はここに目をつけ, たんぽぽの「部位」を追いかけることを読解の柱とした。

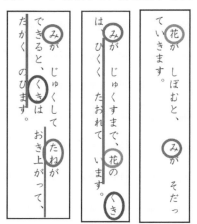

図2-2-6　部位ごとに色を変えて囲む

実際の書き込みは花は黄色, 実・種はオレンジ, 葉は緑色, 根は茶色, 茎は黄緑色, 綿毛は灰色で囲んだ。

①大切な言葉を色でとらえ, 展開をつかむ

まず, 話の流れをつかむ手がかりとして, たんぽぽの部位ごとに色を変え, 色鉛筆で囲ませた（図2-2-6）。今日は黄色が多いから, 「花」の話を中心に勉強するんだと気づくなど, 色を視覚支援とし, 文のかたまりを意識することがねらいである。また, 前時までたくさんあった黄色が減り, 主に使われる色がオレンジ→緑→灰色と変化することから, 実→茎→わた毛という話の流れをつかむことができる。

②たんぽぽになりきろう！

図2-2-6の場面のポイントは茎の動きにあると考え, ここに動作化を取り入れた。茎になりきっている子どもたちに「花がしぼんだよ！」と投げかけると, 36人のたんぽぽたちは, 一斉にへなへなと倒れ込み, すやすやと眠るふりをした。「種ができたら, どうなるの？」と問いかけると, 精一杯, 体を伸ばしてみせた（図2-2-7）。子どもたちは動作の合間に教科書をちらちらと確かめながら本文を忠実に再現していたが, いつの間にか自分らしいたんぽぽになりきって, 友達と一緒に行間を読んでいた。

③本文をもとに挿絵を, 挿絵をもとに本文を正しくならべる

ここで改めて, 話の順番を確かめていった。まず, 平山和子氏の絵本から3枚の挿絵を用い, 子どもたちとやりとりをしながら順番通りに並べる。たんぽぽを動作化したので, 子どもたちは即答できていた。今度はこの絵を手がかりに, ばらばらに並んだ各段落を, 正しく並べ直すように求めた（図2-2-8）。

図2-2-7 たんぽぽの動作化

【動作化に際しての教師と子どものやりとり】

T：あれ？ みんな何してるの？	⇒ C：たおれてるよ。
T：なんで？	⇒ C：実が熟すのをまってんねん！
T：いつまでたおれているの？	⇒ C：種ができるまでやで！
T：種ができたら，どうなるの？	⇒ C：全員起き上がって背伸びをしながら，「起き上がって高くのびます」(本文)
T：その後は？	⇒ C：わた毛いけー！と言います。
	C：風よふいてこいー！と言います。
	C：わた毛のためにもっと高くのびたいです。

「昨日の続きで花の話から始まるから，これが1番目」「茎の話が出てきたからこれが2番目」「茎が起き上がってとあるからこれが2枚目の絵の下に来る」など，部位を囲んだ色と，絵をつなげながら考える様子がみられた。後半にわた毛の話が3段落あるため，ここだけはじっくりと内容を読んで順番を考えていた。

④文章構成から学ぶ，命の連鎖

単元の最後には，倒れたたんぽぽの挿絵に吹き出しを入れたワークシートに，たんぽぽの気持ちを書かせた。もちろん，たんぽぽに気持ちなどない。しかし，頑丈な長い根っこやたくさんの花，茎の役割，綿毛の仕事等，順番に読み取ったことで，身近な存在であったたんぽぽに，命をつなごうとするドラマがあったという感動を，書き留めてほしいと考えた。子どもたちのワークシートには，「つかれたからゆっくり休んで元気になってわた毛をとばす

図2-2-8 段落の並びを確認する

ぞ！」「高くのびなきゃいけないから，しっかりパワーをためておこう」などと書かれており，知識の習得のみならず心も育った様子がうかがわれた。道ばたでたんぽぽを見つけた子どもたちは，何を思うのだろう。

③ 中学年の実践

1. 3年「自然のかくし絵」（全10時間。授業者は山阪美紀教諭）

本教材は，大事な言葉や文が明確で，段落ごとに書かれている内容をとらえやすい。また，2つある問いのうち，問い1「こん虫は，ほご色によって，どのようにてきから身をかくしているのでしょうか。」に対する答えは「たとえば」「また」「さらに」でつながり，問い2「では，こん虫は，どんなときでもてきから身を守ることができるのでしょうか。」の答えには「ところが」が使われるなど，接続詞の効果や文章構成を学ぶのによい教材である。本実践では，もう一歩踏み込んで，段落の1文目にある要約文に着目した展開を考えた。

①写真から文，文から言葉を見つける

コノハチョウに続き，トノサマバッタ，ゴマダラチョウの身の隠し方を読み取る授業では，まず図にある4枚の写真について説明された文を見つけ，写真と同じ色を使ってサイドラインを引き，矢印でつなぐ活動に取り組んだ（図2-2-9）。

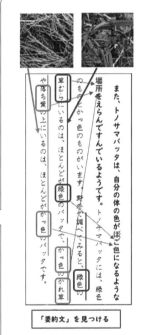

また，トノサマバッタは，自分の体の色がほご色になるような場所をえらんですんでいるようです。トノサマバッタには，緑色のものや，かっ色のものがいます。野菜を細かく調べてみると，草むらにいるのは，ほとんどが緑色のバッタで，かれ草や落ち葉の上にいるのは，ほとんどがかっ色のバッタです。

「要約文」を見つける

図2-2-9 写真と本文の対応をサイドラインや囲みで示す

まず，視点と数を示しつつ，文の中からキーワードを探させた。トノサマバッタについて書かれた文からは，「草むら」「かれ草」「落ち葉」といった場所につながる言葉と，「緑色」「かっ色」等の色に関わる言葉5つを探すように指示した。ゴマダラチョウについて書かれた文では，食べ物と色という視点から3つの言葉を探すように指示し，色が違う「エノキの葉」が2回出てくることや，「だんだん黄色に変わっていきます。」という言葉については2つの色で囲む必要があることに気づかせ，生態を理解していくようにした。

②要約文を見つける

次に，それらのキーワードが各段落の１文目にある「ほ
ご色」と「場所」，「まわりの色」と「体の色」の説明になっ
ていることに気づかせるために，黒板上でキーワードの
短冊を動かし，思考の整理をした（図２-２-10）。たと
えばトノサマバッタの「緑色」と「かっ色」という言葉が，
１文目の「ほご色」という言葉に吸い込まれていくよう
に見る。ゴマダラチョウでも同様にし，それぞれの要約
文の役割と効果について理解できるようにした。

③あだ名を考えよう！

さらに子どもたちには，それぞれの虫の特徴をとらえ
るようなあだ名を考えるように求めた。前時にも，コノ
ハチョウに「コノハそっくりコノハチョウ」や「だますの大好きコノハチョウ」など，あ
だ名をつけていた。これは，正しい読解と子どもたちの豊かな思考をミックスさせる楽し
い時間となった。

図２-２-10 言葉を整理する

【子どもたちが考えたあだ名】

●トノサマバッタ
・草とまちがえてとるな！　トノサマバッタ
・草と見分けがつかないトノサマバッタ
・お前は何者だ〜　・まわりはいつもぐっちゃぐちゃバッタ
・引っ越し変身トノサマバッタ
●ゴマダラチョウ
・色が変わるよゴマダラチョウ　・食べた色だよゴマダラチョウ
・秋には変身のゴマダラチョウ　・好き嫌いが多いよゴマダラチョウ
・ちがう色のエノキの葉を食べても色がかわるゴマダラチョウ

④この虫は，何チーム？

最後に，問い１のまとめとして，「このほかにも，ほご色によって上手に身をかくして，
てきから身を守っている昆虫はたくさんいます」とある。各班に，保護色で身を隠す虫た
ちの写真を配り，コノハチョウチームなのかトノサマバッタチームなのかゴマダラチョウ
チームなのか，本文と見比べながらチーム分けをさせ，その根拠を言語化させた。子ども
たちは，「これは，『形』と『色』でかくれているから，コノハとトノサマの間やで！」な
どと話し合っていた。

2．4年「ヤドカリとイソギンチャク」（全10時間。授業者は別所美佐子教諭）

本教材は，「話題提示（序論）⇒問いに対する実験と考察（本論）3回⇒まとめ（結論）」という構成となっている。本実践では，表記のなかに観察者がいることに気づかせたり，各段落の役割を理解したりすることで，問いと答えの組み合わせを自分の力で見つけられるような展開をめざした。

①今どこを読んでいる？──小見出しの活用

高学年になると教材の文章量が多くなり，規則的な構成の中にあっても，今，全体の中のどこを読み取っているのかを見失うことがある。したがって，とくに4年生以上では，図2-2-11のように自分たちで考えた小見出しを掲示し，本時の学習を俯瞰して眺めることができるようにした。

図2-2-11 段落の小見出し

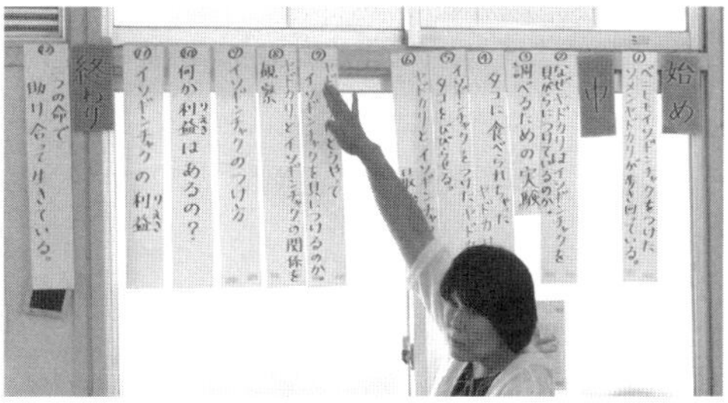

②3色のサイドライン──第三者はどこに？

続いて，「人がしたこと（緑）」「ヤドカリがしたこと（赤）」「イソギンチャクがしたこと（青）」の3色で，サイドラインを引かせた（図2-2-12）。そうすると，色がつかない文は書き手（説明文の書き手）の問いや見解となる。

ここで本文中には，「ヤドカリとイソギンチャクの関係を研究しているカナダのロス博士」が実験の観察者として登場する。ヤドカリとイソギンチャクの読み分けは簡単にできても，観察者と書き手との読み分けに苦戦する子どもたちは数人いた。しかし，全体で共有するなかで，「～でしょうか」や「ようです」「見えます」などの表記の仕方に着目させたところ，

図2-2-12 3色のサイドラインで読み解く（ワークシート）

実際の書き込みは「人がしたこと」を緑，「ヤドカリがしたこと」を赤，「イソギンチャクがしたこと」を青で行った。

これらが書き手の表現方法だということに気づくことができた。また，この書き手からの投げかけが，本文中の「問い」であることも確認した。

③文パズルをしながら，「問い」の「答え」を見つけよう

さらに，1文ずつ短冊にしたものを1人1セットずつ配り，順番を考えさせた（図2-2-13）。2つの「問い」は一番初めにくること，接続詞の前後にくる文を考えたり，ロス博士の紹介文や観察の手順を思い出したりしながら，短冊を何度も読んで取り組んでいた。

図2-2-13 文パズルをする

ここで，「ヤドカリは，自分の貝がらにイソギンチャクをつけていても，イソギンチャクを見れば，いくつでもほしくなるようです。」の1文がどこに入るのかが議論になった。観察の手順の間に入り込んだ書き手の見解がいい意味で混乱を招いたようだが，これによって子どもたちはまたさらに本文を読み込むこととなった。結果，2つの問いの答えを，ほとんどの子どもたちが見つけることができ，その答えの直前に書き手の考えを書くことの面白さを味わうことができた。

④書き手の意見に対する自分の考えをもつ

最後に，「ずいぶん手あらな方法に見えますが，イソギンチャクはしょく手をのばしたままで，いかにも気持ちよさそうに見えます」という書き手の考えに対し，自分ならどう表現するかを考え，話し合った。子どもたちからの下記の考えが出された。

【子どもたちから出された考え】

・イソギンチャクは，後で食べるおいしいごちそうのことを思い浮かべ，のびをしているのでしょうか。

・しょく手をのばしたままで，うなだれています。生きていくためには仕方がないと思っているのでしょうか。

・ヤドカリの食べ残しをゲットするために，ヤドカリを守ってやるかと思っていそうですね。

・ああ，またいつものことか，おたがいさま！と思っていそうですね。

---

4 高学年の実践

1. 5年「動物の体と気候」（全7時間。授業者は筆者（小野太恵子））

　本教材は，序論と結論の間に図2-2-14に示すような本論がある。本論で繰り返される「事実」「理由」「具体例」の構成を読解力だけで見分けることは難しいことが予想された。したがって，⑤⑥⑬段落を抜き，3段落ずつの構成にすることで，内容から役割を読み取るための手立てとした。

図2-2-14 教材「動物の体と気候」の構成（ワークシートの一部）

本論一
- 事実　②動物の体形と気候の間には、おもしろい関係…
- 理由　③寒い所で体温を一定にたもっていくためには…
- 具体例　④実際に、寒い地方にすむホッキョクギツネは…
- 具体例　⑤逆に、暑い砂ばくにすむ小さなイヌ科動物のフェネックは…
- 具体例　⑥動物関係者の間で、ゾウはかなり寒い所でもかえるが、キリンはむずかしいということが…

本論二
- 事実　⑦また、寒い地方にすむ動物は、同じ種類のなかでは、あたたかい地方にすむ動物にくらべて…
- 具体例　⑧ニホンジカを例にとってみると…
- 理由　⑨体温を一定にたもっていくための熱の生産は、筋肉の活動によって行われる。…

本論三
- 事実　⑩寒冷地にすむ動物は、防寒用のすぐれた毛皮を身につけている。
- 具体例　⑪ニホンカモシカは、日本の山がく地帯に…
- 理由　⑫毛によって、外気と皮ふの間に空気の層が作られ、外気のえいきょうを直接受けないように…
- ?　⑬すぐれた毛皮を身につけているのは、寒い地方にすむ動物だけではない。先に挙げたフェネックも…

①読解の視覚化──「読みの構え」をつくる

　4年生同様に5年生でも，各段落に小見出しをつけて掲示した。また，「出っ張り部分」や「表面積」「外気と皮膚の間に空気の層……」など図や写真を使って読み取ったことを図式化する必要があると考え，文章構成の理解とは別の意図で図式化に取り組んだ。

②段落パズル

　次に，段落ごとに短冊にした「段落パズル」に，グループで取り組ませた（図2-2-15）。壁面に掲示された小見出しを参考にしたり，個々が目印にしているキーワードを寄せ集めたりして，体形と気候（本論1），体格と気候（本論2），毛皮と気候（本論3）という段落のかたまりを順序正しくつくることができた。

図2-2-15 段落パズル

③役割パズル──グループ名を考える

さらに、「段落の役割」という視
点を与え、順番に並べた段落を再度
シャッフルしてグルーピングさせた
（図2-2-16）。「本論1の②段落を
緑色で囲むとしたら、本論2・3で
似たような役割をしている段落はあ
りませんか」と問う。③（黄）④（青）

図2-2-16 役割パズル

段落についても同じように問い、ワークシートの本文を色鉛筆で囲むよう指示した。子ど
もたちは、新しい視点で本文を読み直し、根拠までは言えなくても、何となく似ている働
きをする段落同士を3つずつ集めることができた。

図2-2-17 役割グループに名前をつける

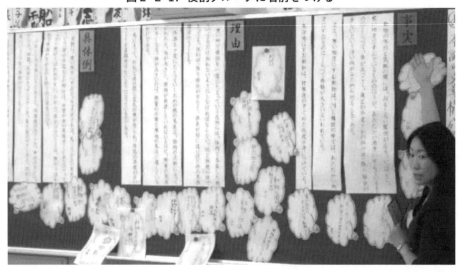

またさらに読み直して、今度はグループに名前をつけるよう求めた。子どもたちは、何
か手がかりがないものかと真剣に読み込んでいた。緑（事実）グループは「寒い地方の動
物の話」や「体形・体格・毛」、黄色（理由）グループは「体温を保つためにできること」「熱
を生み出すために」などのキーワードが並ぶ一方で、「わけ」や「役割」など抽象的な名
前をつけられた子どもたちもいた。青（具体例）グループは、「必ず動物が出ている」や「説
明している」などの特徴が比較的とらえやすかったようだ。授業者は、子どもたちが出し
た吹き出しを拾いながら、「事実」「理由」「具体例」の意味を、各段落の文意を振り返り
ながら、改めて解説した（図2-2-17）。

文章構成やその意図は、教えてしまえば一瞬で終わる。しかし、「書く」力につなげて
いくには、自らその仕組みに気づくことができる授業展開が必要だろう。45分のなかで、

子どもたちは視点を変えて，本文を何度も読んだ。その際に与えた視点こそが授業づくりの「しかけ」であり，子どもたちに読みの力を育てるスモールステップである。

④ミックス？

　授業の終盤には，抜いておいた３つ段落が何の役割をするのかを問うた。子どもたちは，再び文章を読み込んだが，⑤⑥段落が「具体例」だとわかりやすいのに比べ，⑬段落は，「事実」「理由」「具体例」のすべてが入っているためわかりづらい。⑬段落の役割に気づけたら，本時の授業が本当に理解できているということになる，と子どもたちに投げかけた。子どもたちは一文一文を分解し，黒板と短冊を見比べながら真剣に議論していた。

　授業の締めくくりには，②段落から⑬段落までをスライドで示し，それぞれの役割を確かめながら，アニメーションを用いて正しい順番に並べて見せた。

2．6年「イースター島にはなぜ森林がないのか」(全7時間。授業者は筆者(小野太恵子))

　教材「イースター島にはなぜ森林がないのか」では，書き手との対話が求められる。そのために，事実と意見を読み分け，読者に何を伝えたかったのかを読み取る必要がある。本実践では，イースター島の森林破壊の原因を「人間」と「ラット」という視点で書いてあるという，構成の意図に重点を置いて展開することにした。

①読解の視覚化──「読みの構え」をつくる

　本教材は，多くの子どもたちにとって，内容の意味がわからないうえに長い文章である。そこで，5年生同様に，ここでもまず写真や絵を用いて，本文を順番に図式化するようにした（図2-2-18）。地理的・歴史的なことも加わるので，小見出しをつけるときには語句の解説がかなり必要だった。子どもたちは，小見出しとして，「犯人はラット！」や「ヤシの木再生ならず」などのキャッチコピーをつけた。要旨をとらえる力はついてきたように思われた。

図2-2-18 読解した内容を図式化したもの

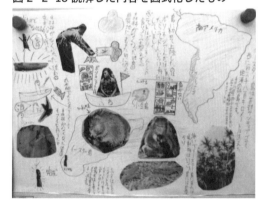

②キーワードから段落の順番と役割を考える

　次に，グループで段落パズルをすることから研究授業はスタートした。その後，ワークシートを配り，パズルをする際に手がかりにした言葉に印をつけさせた。子どもたちが手がかりにした言葉はバラバラであったが，全体で共有しつつ，本時で扱う展開を確認した。

　図2-2-19に示した⑧〜⑰段落はすべて本論にあたるが，さらにここを「序論」「本論」「結論」という視点で3つのグループに分けることにした。⑧段落が序論で⑰段落が結論という意見と，⑯も結論に含まれるという意見に分かれ，その根拠を議論する場面があっ

図 2-2-19 本文⑧〜⑰段落のワークシート

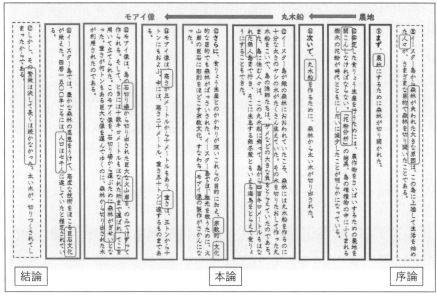

モアイ像 ←――――― 丸木船 ←――― 農地

⑰しかし、その繁栄は決して長くは続かなかった。太い木が、切りつくされてし（まったからである。）

⑯イースター島では、豊かな森林の恩恵をうけて、高度な状況をほこる巨石文化が栄えた。百四〇〇〜一五〇〇年ごろには、人口は七千人に達していたと推定されている。

⑮モアイ像は、島（石切り場）で作られる。そして、ときには十数キロメートルもはなれた所まで運ばれていった。このモアイ像を、石切り場からはなれた所まで運んでゆくのに、森林から切り出された木が利用されたのである。

⑭モアイ像は、高さが三メートルから十メートルにもおよび、中には、高さ二十メートル、重さ五十トンに達するものまである。重さ、三トンから十トンに達するものである。

⑬さらに、食りょう生産とのかかわりが深いこれらの目的に加え、森林には丸木船を作るのに十分な太さのヤシの木がたくさん生えていた。その木を切りたおして作った丸木をこいで、島の漁師たちは、サメなどの大きな魚をとっていたのである。この丸木船に乗って島から四百キロメートルもはなれた島へも行き、そこに生息する希少鳥ともいえる海鳥をとらえ、食りょうにすることもできた。

⑫次いで、丸木船を作るために、森林から太い木が切り出された。

⑪安定した食りょう生産を行うためには、農作物をさいばいするための農地を開こんしなければならない。「花粉分析」の結果、島の植物の中にふくまれる樹木の花粉が時代とともに減少したことが明らかになっている。

⑩まず、農地にするために森林が切り開かれた。

⑨イースター島から森林が失われた大きな原因は、この島に上陸して生活を始めた人々が、さまざまな目的で森林を切り開いたことである。

結論　　　　　本論　　　　　序論

子どもたちが注目した用語を囲んでいる。

た（図 2-2-20）。

⑯段落には「巨石文化」という言葉があるので、モアイ像について書かれている本論に含まれるべきだという意見や、⑯で「繁栄」を扱い、⑰で「繁栄が続かなかった」とあるので、これはセットだという意見、「しかし」があるからここからが結論だという意見が出た。これらについては明確な答えがあるわけではないが、文中の言葉を根拠に議論できたことは、6年生ならではの成長の姿といえるだろう。

③文章構成の意図を考える

続いて、書き手が「農地」「丸木舟」「モアイ像」の順で書いている理由について発問した。単純に「説明する量」という面白い意見があった一方で、「まず食べていかなければならない」という意見や「一番言いたいモアイのことを最後にもってきた」という意見など、真意をつくようなものも出された（図 2-2-21）。

図 2-2-20 段落の役割を3つ（序論・本論・結論）に分類する

図 2-2-21 段落の順番の意味を考える

図2-2-22 モアイ像について考える

④木を切りつくさずにすんだ方法は？　──モアイから深める

　授業の終盤には，モアイ像について理解を深めた。改めて高さや重さを置き換えて確認し，その運び方について想像させた。本文だけでは，木をたくさん使ったということしかわからない。子どもたちは鉛筆を丸木，筆箱をモアイ像にして知恵を出し合っていた。授業者からは，マロイ説やマジェール説など，モアイ像の運び方の諸説をモニターで提示した（図2-2-22）。

　さらに，こんなふうに人々が夢中になったモアイ像だが，木を切りつくさずにすむ方法はなかったのかについて考えさせた（時間が足りず，次の日に話し合うこととなった）。今の環境問題と同じで，人々が抱く「当たり前」がもたらす悲劇をここから学ぶ必要があるのではないかという話になった。

　どんな文章にも，書き手の意図が込められている。この単元の学習を通して，子どもたちは，一言一句の言葉の選択や段落の構成まで，書き手の意図があることを学んだ。

比較して読む（説明文）
—— 書き手の「心」に迫る

小野太恵子

① ２つの文章を読み比べるために

1．比べ方の系統

　2019年度は，説明的文章の読みのなかでも「比較読み」領域を授業研究として取り組んだ。表2-3-1のように，それぞれの学年で，共通点を見つけることで相違点に気づくような展開とした。扱うテーマは同じでも，文章の書き方や言語の使い方，文章構成やレイアウトの違い等をとらえることで，本文から多くの表現方法を習得し，自ずと書き手の意図に迫ることができる。

表2-3-1　2019年度に研究した単元と教材の共通点・相違点

	単元名と目標	共通点	相違点
2年	「ふろしきは，どんな　ぬの」 売り場の**カード**と**本**に書かれた説明文の説明の違いに気づく。 （全5時間）	●ふろしきについて書かれている。	●書いた人 ●文章構成 ●書き手の意図
3年	「『ほけんだより』を読みくらべよう」 2つの**保健**だよりを読み比べ，書き手の工夫（図と表）の用い方を読み取る。（全6時間）	●書いた人 ●朝ごはんというテーマ ●目的や文章構成	●伝える方法（図・表） ●書き手の意図
4年	「広告と説明書を読みくらべよう」 **広告**と**説明書**の文章を読み比べ，それぞれの目的に合わせた表現の違いを読み取る。（全8時間）	●同じ商品（体温計）を扱う。 ●大まかな内容	●書いた人 ●レイアウトや文章量 ●書き手の意図
5年	「新聞記事を読み比べよう」 記事と写真との関係に注意しながら2社の**新聞記事**を読み比べ，書き手の意図を読み取る。（全6時間）	●記事にした場所（多摩川）と事柄（アユ） ●レイアウトや文章構成	●書いた人（記者） ●書き手の意図
6年	「新聞の投書を読み比べよう」 4つの**投書**を読み比べ，文章に表れている書き手の工夫について読み取る。（全9時間）	●4人とも同じニュースについて意見している。 ●文章構成	●書いた人（新聞の読者） ●意見と根拠 ●説得の仕方

（東京書籍『新しい国語』2014年検定）

2．「読みの構え」から日常生活へ

　形式や意図が違う2つの文章を比較する前に，まず正しく読み取る必要がある。しかし，教材文には，ふろしきや説明書，新聞など，子どもたちにとってあまりなじみのない内容

が含まれているため，事前に興味をもたせ，関連する知識を習得させておく必要があった。

このような「読みの構え」をつくる活動を例年以上に手厚くしたことで，単元終了後には，子どもたちが自ら学習したことに関わる知識や情報を得ようとする姿が多く見られた。たとえば，2年生であればふろしきと同じような日本の道具（籠や筆，ろうそくなど）に関する説明書を手に取ってみたり，3年生はいつも何気なく見過ごしていた保健だよりをしっかり読むようになったりした。4年生は，広告の面白いレイアウトを見つけて朝一番に報告してくるなど，生活の身近にある文章の背景を理解できたことが，知的好奇心を豊かにしたようだった。

3. 読解の視点──共通点と相違点

比較読み領域では，子どもたちがただでさえ読解に苦戦した説明文を2つも扱わなくてはならない。そこで2つめの文章を読む際に，まず1つめの文章との共通点を探すことを読解の視点として提示し，サイドラインを引くように求めた。共通点がわかると，相違点が浮き彫りになる。その違いを深く読み取らせるために，具体物を提示したり，子どもが操作する教具を作ったり，文章そのものに仕掛けを施したりするなどの工夫を図った。例年同様，本文に忠実に，でも枠にとらわれない自由な発想で，授業の工夫に関する検討を重ねた。

4. 比較によって書き手の「心」をとらえる

このように比べて読むからこそ，自ずと書き手の意図が見えてくる。子どもたちは当初，教科書にある文章を「教材」としてしかとらえていなかったが，本実践を通して，一つ一つの文章はだれかを思い，大切なことを伝えるために一番良い方法で表現されていること，またそこには人のぬくもりや書き手の心があるということを学ぶことができた。

5年生の実践については第1章第2節で紹介しているので，本章では，2・3・4・6年の実践を報告する。また本節では，2020年度に，それまでの6年間の実践で培われた読解力が，他の領域でどのように活かされるのかを検証した取り組みを報告しよう。

2 「比較読み」領域の実践

1. 2年「ふろしきは，どんな　ぬの」（全5時間。授業者は藤田（佐野）彩奈教諭）

本単元では，ふろしきについて書かれた，売り場のカードと本に書かれた文章を比較した。場や目的に応じて文章の内容や説明の仕方を変えるということを理解させるため，文章の量や質を正しくとらえる読解の工夫を考えた。

①「ふろしき」にふれる──「読みの構え」をつくる

　1つめの売り場のカードにある3文の意味を理解するには，ふろしきを手に取る必要がある。まず，ふろしきを包んだり畳んだりする経験をし，繰り返し使える理由を考えた。また，カードには書かれていない用途を出し合ったり，美しい色彩やなめらかな感触を味わったりすることで，ふろしきを好きになるような時間を取った。

②比べて読む

　本に書かれた説明文の読解では，まず授業者が，「カードと同じことが書かれているのは？」と問いかけ，同じことが書かれている場所にサイドラインを引かせた。続いて，「このお話は，どこまで続いている？　同じ色で囲んでごらん」と指示し，サイドラインの内容について書かれた段落を同じ色で囲んだ。こうして，「はじめ・なか・おわり」という構成において「なか」に位置づく3つの段落（形式段落2・3・4）では，カードと同じ3つの視点での文章が展開されていることを全体で共通理解した。

図2-3-1　カードに書かれた文（右）と，本に書かれた説明文（左）を比較するワークシート

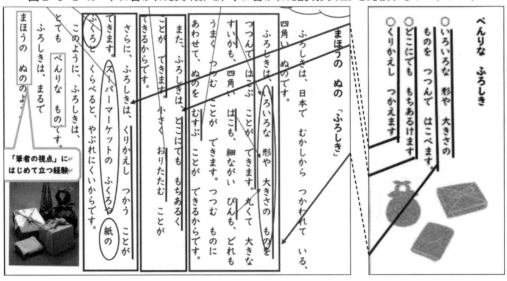

サイドラインや囲みは授業者による。

③具体物を用いて読みを深める

　さらに，文章を再現するため具体物を用いた。「いろいろな　形や　大きさの　もの」の例として本文に挙げられているものを確認したうえで，子どもたちの答えを聞いてから，すいか・四角い箱・びんを包んで美しく結ばれる様子を実演してみせた。さらに，なぜ「どこにでも　もちあるく　ことが　できる」のかを発問し，「小さく　おりたたむ　ことができるからです」という子どもたちの音読にのせて実際に折りたたんでみせた。「くりかえし　つかう　ことが　でき」る理由を，スーパーマーケットの袋や紙の袋と比較してみせ，本文にある「やぶれにくい」以外に，「洗えるから」や「濡れても大丈夫」などの理由も

出し合った。

　加えて，教室には，ふろしき売り場を再現して，カードが実際に使われるイメージを子どもたちに伝えた（図2-3-2）。また，授業者オリジナルの表紙に，見開き1ページ分の教科書のコピーを貼り付けて，架空の『日本の道具』という本を作り持ち込んだ（図2-3-3）。授業者が，本を読み聞かせる体で説明文を読むことで，子どもたちにとって実在する本のイメージを伝えた。

図2-3-2　教室に作った
　　　　　ふろしき売り場

図2-3-3　架空の本『日本の道具』

④だれのために，どんな思いで？

　授業の最後には，書き手の思いにふれることをめざした。これについては，最後の2文にあるキーワードから導かれるものである。まず，「このように，ふろしきは，とても　べんりな　ものです。」の文にある「べんりなもの」とは何を指すのかを発問し，「なか」の3段落の内容をまとめて表現していることを確認した。続いて，「ふろしきは，まるで　まほうの　ぬののようです。」の文にある「まほうの　ぬの」とはだれが考えたことなのかを問うと，子どもたちは「本を書いた人！」と即答していた。さらに，「どんな思いで書いたのかな」と投げかけて，この比喩表現にのせられた書き手の思いがどのようなものかを想像してワークシートに書くように指示した（図2-3-4）。ふろしきに触れた経験が効いていたのか，子どもたちは売り場のカードにも意図があることに気づくことができた。子どもたちは書き手になりきり，大好きなふろしきに込めた思いをワークシートに懸命に書いていた。

図2-3-4　ワークシート

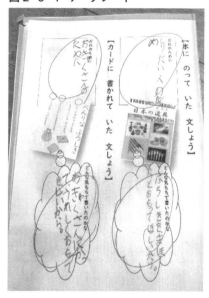

2．3年「『ほけんだより』を読みくらべよう」（全6時間。授業者は別所美佐子教諭）

　本単元では，目的と構成を同じくしていながら，書き手の意図によって異なる表現をし

ている2つの保健だよりを読み比べた。この単元では特に図と表の活用に重点を置いて理解を深めることで，それらの効果を実感させたいと考えた。

①「おたより」を読み直す――「読みの構え」

まず，「読みの構え」をつくるために，授業者と子どもたちとで，これまで何気なく手に取っていたさまざまな「おたより」を読み返した。書き手が伝えたいことや，そのために工夫している点はどこかなどを見つける時間を設けた（図2-3-5）。

②比べて読む（図2-3-6）

1つめの「ほけんだより」の読解では，まず，文章構成をとらえた。おたよりの題名「朝ごはんをしっかり食べよう」が「目的」となっていること，段落ごとに「はじめ（話題提

図2-3-5 「おたより」を読み直す

学校だより，学年だより，図書だより，給食だより，生野区民だよりなどを読み直した。

示）」・「なか（説明やアドバイス）」・「おわり（書き手が伝えたいこと）」等の役割をもっていることを確認した。また，図と文をサイドライン（ここでは文を囲んだ線）で結ぶことで，図の効果をとらえた。

図2-3-6 2つの「ほけんだより」を比べるワークシート

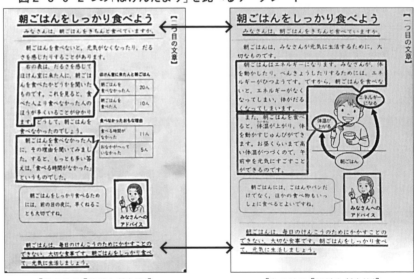

| 目 的 |
| はじめ |

| なか |

| おわり |

［2つめの「ほけんだより」］　　　　　　　　　　　［1つめの「ほけんだより」］

続く2つめの「ほけんだより」の読解では，まず両者の共通点にサイドラインを引いた。続いて，相違点に注目する。一番の相違点は「なか（説明やアドバイス）」の表の有無なので，その表に着目し，表で示した情報と本文とをサイドラインで結ばせた。表の説明と，書き手の意見とを分けて読み取ることができるよう，留意した。

すなわち，表から読み取れる事実の部分については赤で囲み，それをもとに書き手が意見を述べている箇所を青で囲むよう指示した。

③表を読み取る

表の効果を実感する前に，表を理解する必要があった。本文の説明以外にも，表から読み取れることがあることを，図2-3-8のように具体物（人の形）を操作することで気づかせた。

表（図2-3-9）からわかることを子どもたちに発問すると，当初，子どもたちは，4項目の人数をそのまま答えていた。そこで授業者が「保健室の先生は，何人にアンケートをとったの？」と問うと，子どもたちはしばらく困っている様子だったが，やがて20人＋10人をすればよいと気づいた。さらに，表に書かれていないことを発見するために，本文をよく読んで具体物を動かすことを指示した。

まず，朝ごはんを食べなかった20人のうち，食べなかった主な理由を答えたのが11人＋5人の16人であることに気づき，枠の中の具体物を「食べなかったおもな理由」欄に引っ越しさせた。こうして，4人が余ることに気づくことができた。この4人は，「食べる時間がなかった」「おなかがへっていなかった」以外の理由だったことを想像するよ

図2-3-7　ワークシートに記入して分析する

図2-3-8　具体物を操作する

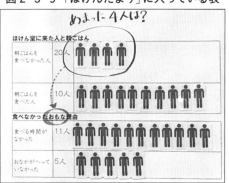

図2-3-9　「ほけんだより」に入っている表

う促した。ここでめざしたのは，書き手がすべてのことを書くわけではなく，伝えたいことに使える情報を選んでいることをつかませることであった。さらに，表にある「おもな」に着目させ，説得力のある上位2項目を載せたことを確認した。保健の先生が表を使ってみんなに伝えたかったことは何かと尋ねると，「体調不良の子どものほとんどが朝ごはんを食べていなかったこと」「その理由の多くが，食べる時間がなかったこと」などと，2つの表を関連づけて理解することができていた。

④あなたが保健室の先生だったら？

さらに，2つの「ほけんだより」の違いを改めて言語化するように求めた（図2-3-10）。子どもたちは，「1つめは，朝ごはんを食べたら『いいこと』を伝えています。2つめは食べない人の多さと，その『理由』を伝えています」というように，両者の違いを言葉にしていた。目的や構成，書き手まで同じ文章だからこそ，意図の違いによって書き手がどのような手法を使い分けているかに迫るためには，多くの手立てを用いて読解に取り組む必要があった。

図2-3-10 保健室の先生の意図を考える

最後に，自分が保健室の先生だったら，どちらの表現の仕方で，子どもたちにどんなアドバイスをするかを考えた。子どもたちは，いつも優しい保健室の先生を思い浮かべながら，「しっかり朝ごはんを食べて，元気に学校に来てね」といった言葉をつぶやいていた。

3. 4年「広告と説明書を読みくらべよう」（全8時間。授業者は山阪美紀教諭）

本単元では，同じ商品（体温計）について説明した「広告のちらし」と「取り扱い説明書」という，実生活に即した2つの文章を読み比べた。レイアウトだけではなく内容を比較するには，説明書の内容をしっかりと読み取る必要がある。どう読ませればよいのかについて，検討を重ねた。

①「広告」を読み直す──「読みの構え」をつくる

なじみのあるちらしとはいえ，子どもたちにとっては，じっくりと読みとったことはないものである。本単元でも，まず「読みの構え」をつくるために，文字の大きさや散りばめられた興味深い宣伝文句に着目させ，どんな目的で，どんな工夫がされているのかという視点でさまざまなちらしを見つつ話し合う時間を取った（図2-3-11）。

図2-3-11 ちらしを掲示する

②比べて読む

続いて，「広告」の写真や図，文字の表記の仕方について気づいたことをワークシートに書き込んでいく。商品名・キャッチコピー・商品の特徴・メーカー名・問い合わせ先があることなどを理解したうえで，「説明書」にも同じ事柄が書いてあるかという視点で検討する（図2-3-12）。この作業によって，「広告」と「説明書」の共通点を見つけることができる。

図2-3-12 「広告」と「説明書」を比較する

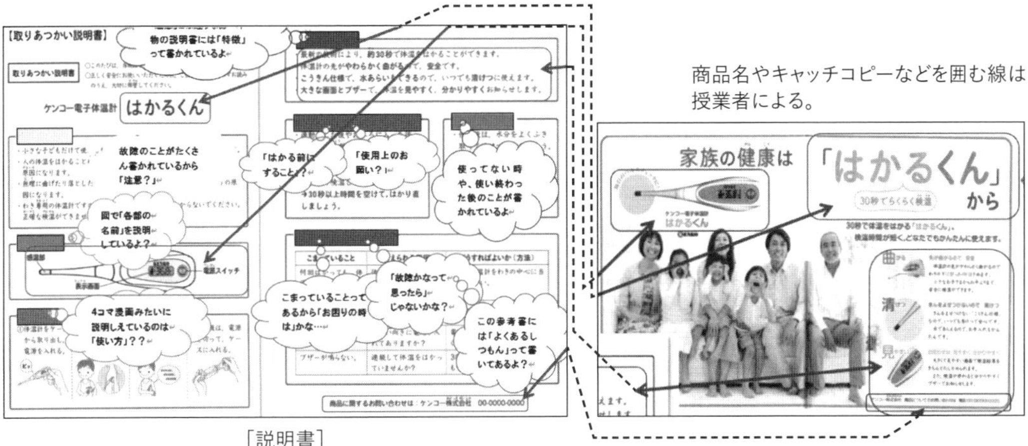

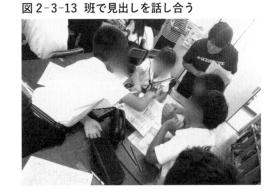

商品名やキャッチコピーなどを囲む線は授業者による。

［説明書］

［広告］（写真 © イメージナビ）

③説明書の項目を考える

子どもたちのワークシートには，それぞれの部分が何を表現しているのかについて説明する項目名を空欄にしてあった。そこで，子どもたちは項目名を考えるために，それぞれの内容をよく読むことになる。これにより，読みづらい「説明書」をさらに深く読み取ることとなる。

子どもたちは，改めて，一つ一つの説明書きを読み，内容に小見出しをつけるような感覚で考えたキャッチコピーを，班で伝え合った（図2-3-13）。「故障のことがたくさん書かれているから，『注意』かな？」「図で『各部の名前』を説明しているよ？」「4コマ漫画みたいに説明しているのは『使い方』かな？」などと話し合いはじめる。

図2-3-13 班で見出しを話し合う

とはいえ，語彙にも限界がある。「説明書」だから話し言葉やくだけた表現は適していない，しかし良い表現が出てこない，と頭を抱える様子も見られた。そこで，悩んだときのために，授業者が持参していた実物の説明書をヒントとして使えるように各班に配布した。子どもたちは，途中で配られた本物の説明書を食い入るように読み込んでいた。

「この部分は,『はかる前にすること』か
な」「それとも『使用上のお願い』かな?」
「困っていることってあるから,『お困りの
時は』かな」「いや『故障かなって思った
ら』じゃないかな?」「この参考資料には
『よくあるしつもん』って書いてあるよ」
などと,活発に話し合っていた。結果的に,
45分の授業のなかで複数の説明書を読ん
だことになる。そして,説明にふさわしい

図2-3-14 班のアイデアを全体に報告する

表現方法について,「言語」を根拠とした意見を活発に交わすことができた。班で出され
たアイデアについては短冊に書いて黒板に貼り(図2-3-14),全体に報告した。

④項目の順番やレイアウトの意味を考える

さらに,「説明書」の書き手の意図に迫るため,項目の順番や表記の工夫について考えた。
一番初めに「このたびはお買い上げ……」からスタートしていること,使用上の注意点の
なかにある説明の順番,表に整理した部分,図や4コマ漫画で表す効果などを確認しつつ,
書き手はなぜそうしたのかを話し合った。広告とは違って安全に使ってもらうために伝え
ることがたくさんあるなかで,どうしたら読んでくれるか悩んだのであろう書き手に,子
どもたちはなりきって考えていた。

⑤何のために,どんな思いで?

最後に,改めて「広告」と「説明書」の違いを
問う。子どもたちは,表記の仕方や目的の違いを
淡々と書くのではなく,お客さんのために一生懸
命つくった体温計をたくさんの人に使ってほしい
という思いや,購入してくれた体温計を安全に使
うことで,いつまでも健康に過ごしてほしいとい
う願いを想像しつつ,ワークシートに書いていた
(図2-3-15)。

図2-3-15 書き手の思いを想像して
ワークシートに記入する

子どもたちが広告や説明書に次に出合うときに
は,その背景をどんなふうに考えるだろう。

4.6年「新聞の投書を読み比べよう」(全9時間。授業者は辻田和也教諭)

本単元では,4つある新聞の投書から,説得の工夫を読み比べた。それぞれ同じ文章構
成で展開されている文章だが,4つを読み取るにはそれらをどんな視点で比較させるのか,
展開の工夫が必要だった。また,表現技法のみならず,投稿者の背景にも目を向けた。

①新聞の構成にふれる──「読みの構え」をつくる

　子どもたちの各家庭でも新聞から遠ざかっている状況だったので，まずは実際に新聞を手に取り，その構成にふれる機会を設けた。社会・経済・国際・教育・文化・スポーツなど，興味のある事柄を，どの紙面からでも読めるように編集されていることを体験させた。

②比べて読む──文章構成を手がかりに

　高校球児が200球を超えた投球をしたことについて，反対・賛成の意見を書いている，6段落程度の投書を，それぞれ2稿ずつ読み比べる。本実践では，同じ意見の投稿を読み比べる機会も設けることで，表現技法にも着目させることをめざした。「投げすぎ反対」の主張をしている投書の一つは書き手の経験にもとづいているのに対し，もう一つはアンケート結果を根拠として示している。一方，投球数の多さを許容する「賛成」派の投書の一つは「熱い思い」が根拠となっており，もう一つは「有名人の言葉」を説得のために示している。

　いずれの投稿も「話題提示→意見・主張→理由・根拠→予想される反論→まとめ」という展開になっている。そこで，授業者は，段落の役割ごとに色分けしてサイドラインを引くように指示した。

　さらに，同じ色がついている段落同士の文章を比較し，共通点と相違点を整理していった。子どもたちが読み取った共通点と相違点は，表2-3-2のとおりである。学力差を反映して，子どもたちが見つけられる事柄の量や質はまちまちであったが，読みの苦手な子どもだからこそ見つけられた小さな発見もあった。同じ意見でも理由

図2-3-16　見つけた共通点・相違点を全体で共有する

と根拠が異なることで，読み手の印象が大きく変わること，また文章には書き手の背景がそのまま反映されることを読み味わった。

表2-3-2　子どもたちが見つけた共通点と相違点

共通点	相違点
・どちらも「スポーツは勝利を求めてこそ」とある。 ・両方，大会の話が出てきている。 ・両方選手の話をしている。 ・「また」という接続詞を使っている。　　　　　　　　　　　　など	・②は理由が1つで④は理由が2つある。 ・④は理由に「なぜなら」を使っていない。 ・④は人物が出てきていて，②にはいない。 ・丁寧な言い方と言い切りの言い方　　　　　　　　　　　　など

③自分ならどの方法で書く？

　説得力があると感じた投書を1つ選び，黒板に描かれた4つに区切った枠に名札を貼った（図2-3-17，18）。さらにその根拠を話し合うことで，これまで2つずつ比較してい

た投書4つを改めて比較した。①経験を語る，②数値で説得する，③熱い思いを込める，④有名人の言葉を紹介する，というそれぞれの説得の工夫を整理しながら印象を伝え合うことで，単元末の「書く」活動につなげることをめざした。

④授業者が書いた投書

　最後に，授業者が書いた投書を示し，図2-3-18のどのカテゴリーに入るのか，考えさせた。投書の題は「お笑いから学ぶ」であった。

　ほかの投書と同じように構成ごとに区切って読み取っていくと，「経験」と「有名人のこと」，「熱い思い」といった要素が盛り込まれていることに気づく。授業者は子どもを爆笑させる天才であり，投書を書く際の強みがたくさんあることを自賛してみせた。思春期の子どもたちからは失笑を買っていたものの，きっとこの後に書く子どもたちの投書は，自分の強みを活かした自由な個性にあふれるものとなったことだろう。

図2-3-17　最も説得力があると感じた投書を選ぶ

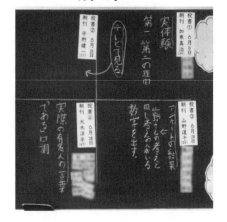

図2-3-18　黒板に整理された4つのカテゴリー

3 「比較読み」を活用する実践

1. 読解力を活かす

　2020年度は，6年間の授業実践で培った読解力が，他の領域でどのように活かされるのかを検証した。

　「知識及び技能」に関わって，2年「主語とじゅつ語」では，まず，教科書（東京書籍『新しい国語』2019年検定，以下同）に載っている教材（「名前を見て　ちょうだい」）でなじみのある，えっちゃんからの手紙の主語の部分に醤油をこぼしたという設定で始めた（図2-3-19）。さらに，「ビーバーの大工事」にある主語が抜けている一文から隠れた主語を探す活動に取り組んだ（授業者は後藤陣教諭）。

　4年「文の組み立てと修飾語」では，「白い　犬が　とても　小さな　ボールを　追いかける」と

図2-3-19　「主語とじゅつ語」を見いだす

いった文を文節ごとに区切り，組み換えた。並べ
方次第で文意が変わることや，修飾語を重ねて使
う面白さを味わう授業を展開した（図2-3-20。
授業者は別所美佐子教諭）。

図2-3-20 語の並べ方で文意が変わる
ことを学ぶ

　どの学年にも，文から主語・述語だけを抜き出
すことにつまずく子どもたちがいる。修飾語の係
り方となると，さらに混乱する。この実態を解決
するためのスモールステップを，これまでの学習
方法を取り入れながら検討した。

　「書く」領域では，5年「心が動いたことを三十一音で表そう」で短歌を書くことに取り
組み，初めて，短歌をどう「読む」かを検討した（授業者は上田恵教諭）。しきなみ子ど
もコンクールの作品から表現の工夫を見つけたあと，教科書の例文を穴あきにして自分の
アイデアで言葉を埋めていく活動に取り
組んだ。「書く」段階では，写真や数字
から感じたことをグループで付箋に書き
合ったあと，5・7・5・7・7で手分け
して短冊に書き，班で協力して一首詠む
ようにした。このようなスモールステッ
プを踏むことで，単元の終末には，国語
が得意な子も不得意な子も個性が光る短歌を一人で詠むことができていた。

図2-3-21 写真から短歌をつくる

　「話す・聞く」領域では，音声言語で伝え合うために，必要な準備が本当にたくさんあっ
た。悪戦苦闘の詳細は，本書第1章第3節で報告しているので参照されたい。

2. 調べ学習の提案授業──3年「目次やさくいんを活用しよう」(全1時間。授業者は辻田和也教諭)

　最後に「調べ方を学ぶ」ということを，能動的な学習として実践した事例を紹介したい。
教科書では，3年の4月に国語辞典，4年の4月に漢字辞典の使い方について学習するも
の，どうしても講義型の授業になりがちである。そこで3年の単元「目次やさくいんを
活用しよう」では，比較読みをうまく取り入れることで，百科事典の機能や調べ方を習得
させていく授業を展開した。

①「国語辞典」と「百科事典」の比べ読み

　まず，授業者が「先生，『台風』について知りたいんだけど，言葉の意味を調べたいと
き使うものは？」と発問した。子どもたちは「国語辞典！」と答える。ここで授業者が百
科事典の「台風」が載っているページを拡大したものを黒板に貼ると，子どもたちは口々
に「インターネット！」「本！」「図鑑！」と言った。子どもたちにとってあまりなじみの
ない，この百科事典について学ぶ，という本時のめあてを確認した（図2-3-22）。

続いて，国語辞典と百科事典の違いを
グループで調べるように指示した。グ
ループでの話し合いが終わると，子ども
たちは気づいたことを思いのままに発表
した。

図2-3-22 百科事典と国語辞典の記載を比較する

**【子どもたちが見つけた国語辞典と百科事典
の違い】**

- ・台風の絵がかいてあるのとかいてないのと。百科事典のほうにかいてある。
- ・百科事典には地図がのっている／天気図がのっている／図がある。
- ・百科事典は説明の文書が長い。国語辞典は短い。
- ・百科事典は台風のことを詳しく書いている。国語辞典はぎゅってまとめてわか
  りやすく書いている。
- ・横書きと縦書き　　　　　　　　　　　　　　　　　　　　　　　　　　など

授業者は，子どもたちの意見を掲示物に書き込み，整理していった。百科事典は事柄を
言葉・絵・写真・図・表・地図などを用いて詳しく説明していること，一方，国語辞典は
言葉で簡潔に説明しているということをきちんと確認した。

②**調べ方を学ぶ**

授業者は，『総合百科事典ポプラディ
ア』（以下『ポプラディア』）と『ポプ
ラディア情報館』（以下『情報館』）（い
ずれもポプラ社）が並ぶ本棚を指し，
「先生，この『台風』のページにたど
り着くために，このなかから本を選ん
だんだけど，どれだと思う？」と問う。

子どもたちは，本棚に集まり真剣に
探し，『情報館』の「天気と気象」の
巻と，『ポプラディア　第6巻』を見

図2-3-23 どうやって探せばよいか，授業者が
　　　　　問いかける

つけた。ここで授業者が「ポプラディ
アはいっぱいあるけど，なぜ第6巻なの？」と問うと，子どもたちは「ポプラディアに，『す
せそた』って書いてある」と指摘した。ここで授業者は，何かを調べるときは百科事典か

ら探すとよいこと，子どもたちが見ていた
部分は本の「背」ということを伝えた。子
どもたちは唱和し，ワークシートに書いた。

「さあ，開いていくよ！」と，授業者は
モニターに百科事典の見開きを映しつつ，
子どもたちとやり取りをしながら，「台風」
が載ったページまでのたどり着き方を確認
していく（図2-3-24）。

まず，あえて違うページを開いた授業者
は，「どうしたらいいの？」と問う。子ど

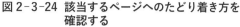

図2-3-24 該当するページへのたどり着き方を
　　　　　確認する

もたち数人が，「そこを『た』に合わせるねん！」と画面を指さす。授業者が，「どこを？
指さしに来て！」と促し，一人の子どもが前に出てきて，画面上の「つめ」を指さした。
授業者が「そうです。ここを，『つめ』と言います」と説明すると，子どもたちは一斉に「つ
め」と唱和し，ワークシートに書いた。

続けて，「ということは，今のままじゃだめだね，『た』まで進めるね」と授業者がペー
ジをめくる。1ページずつゆっくりめくりながら，子どもたちにどこまでいけばよいか問う。
つめの色が青で示されている「た」のページにくると，子どもたちはストップをかけた。
授業者が「ここでいい？」と尋ねると，子どもたちが「あかん！」と答える。「どこを見た
らいいの？」と重ねて尋ねると，「写真」とつぶやく子どもたちもいたが，当てられた子ど
もは「はしら」を指さしに来た。授業者は，「ここを『はしら』といいます」と確認し，さ
らにめくっていく。台風のページに来たところで，子どもたちが「ストップ！」をかけた。

改めて，手元に配られている「台風」のページを見直す。何が書かれているか，つぶや
きを拾いながら，『情報館』を紹介する記載を見つけさせた。『情報館』は，百科事典の内
容が難しいと感じたり，もっと詳しく知りたいと思ったりしたときに活用できることを解
説しつつ，『情報館』の該当のページをモニターに映すと，絵がたくさん載っているので，
子どもたちから歓声がおきた。「初めからこっちでいいやん！」という子どもたちのつぶや
きを拾い，授業者は「台風」が「天気と気象」の巻に載っているとわかっていればそれで
問題はないが，調べたいことがどのグループかわからないときには百科事典が必要である
こと，百科事典ならどんな言葉でも必ず見つけることができることを説明した。

③「目次」と「さくいん」の比べ読み

ここからは，初めから『情報館』を用いて調べる方法を学ぶ。授業者は，手がかりとな
る「目次」と「さくいん」を拡大したものを掲示し，違いを見つけるよう指示した。子
どもたちは，ワークシートに気づいたことを書いていく。途中からは，本棚にある『情報館』
を配り，子どもたちが目次と索引を手がかりに実際にページを行き来することで，その用
途を理解しやすいようにした。

【子どもたちが見つけた目次と索引の違い】

> ・目次には絵がのっていて，さくいんにはのっていない。
> ・さくいん→五十音順　　目次→ことがら順
> ・目次には「見出し」がある。
> ・目次はページ順に並んでいるけど，さくいんはバラバラ。
> ・さくいんに，1つの言葉についてのっているページがたくさんのっている。
> ・目次は本の初めにあって，さくいんは本の最後にある。

　これらの発言を板書で整理しながら，それぞれの用途を確認していく。目次は，書物などのなかに書かれている内容を，その順番通りに並べたものであり，読み手にとって，どこに何が書かれているのかを知る手段になるということ。索引は，書物のなかに存在する語句や事項などを調べるためのもので，特定の書物を読んでいて，どうしても意味がわからない言葉や事項などが見つかったときに活用できることを伝えた。

　さらに，もう一度，『情報館』を手に取って，目次を読むことで，その本の大まかな内容を一つのストーリーとして理解できることを確認した。また，索引に並ぶ複数のページ数のなかで，太く表記されているページを開くと，そこには一番詳しく載っているということを一緒に発見した。

④日常生活へ

　授業の最後，封筒に入れた「なぜなにクイズ」を各班に配る。「自分たちで調べられるかな？」の授業者からの投げかけに，「ちょうだいちょうだい！」と封筒を手に入れて開けた瞬間，本棚まで走っていった子どもたちもいた。

　クイズの内容は，実は授業準備で一番悩んだところである。検討会の際に手分けをし，授業者と図書主任が中心になって，百科事典や『情報館』が班ごとに重ならないよう注意しながら，日常にある何気ない疑問を9つ用意した。ああでもない，こうでもない，と夢中になって百科事典をめくる子どもたちの姿が何よりのご褒美だ。

【なぜなにクイズ】

> ①秋の七草ってなにかな？
> ②日本各地の「ぞうに」ってどんなものがあるの？
> ③紅葉はどうして起こるのだろう？
> ④ラクダのこぶにはなにが入っているの？
> ⑤皮ふの役割って何だろう？

⑥キツツキはどうして木を突くの？

⑦どうしてマグロはずっと泳いでいるの？

⑧テレビ放送が始まったのはいつなのかな？

⑨虹にはどんな色がどのようにならんでいるのかな？

にぎやかな雰囲気のなか，④の答えにたどり着いた班からは，大爆笑が聞こえてきた。あちこちで，知的な発見に感動し，おたけびがあがる。みんなに聞いてもらいたくて仕方ない様子になる。

「ラクダのこぶには水分じゃなくて脂肪のかたまりが入っている！」という叫ぶような発表に，聞き手の子どもたちから「脂肪ってなに？」というつぶやきが聞こえる。すかさず，「百科事典で調べろ」とツッコミが入る。

図2-3-25　グループで『情報館』で調べる

読んで書いて，調べて伝える活動のなかで，子どもたちはたどたどしい日本語をキラキラした目をして話す。「ことばの力」は，人生を豊かにすると，子どもたちから教えてもらった。

第4節　読解力を伝え合う力に
── 話し言葉に向き合う

第4節

小野太惠子

1 ） 言葉が飛び交う楽しさを味わうために

1. 対話・会話を読解から学ぶ

　国語科教育研究に取り組み始めて8年目の2021年度にしてやっと,「話す・聞く」領域にたどりつくことができた。しかし,「話す・聞く」領域の授業づくりでも依然として大切にしたのは,読解場面だった。対話・会話の技法を学ぶには教科書の会話文を正しく読み取ることが重要であり,実践に移すには本文から整理して会話の構成をとらえる必要がある。

　低学年では,「先生と自分」という1対1の一方的なお喋りを乗り越え,複数の友達と話をつなぐための話法を読み取る活動へと進んだ。音読や動作化で表現方法のバリエーションに気づくようにしたり,会話文の1文ずつに「しつもん」や「こたえ」などの役割名をつけたりすることで,つながりの仕組みに気づくよう仕掛けた。中学年では,話し合いで物事が決まっていく展開をしっかり読み取り,それを図で表すことで読解の視覚化を図った。これは,司会の立場で進行を担う場合の一助とすることもねらいだった。高学年では,相手の話を読み取るために,サイドラインで聞き取りの視覚化を図った。

　主題や書き手の意図に迫る読み方ではなく,だれがどんなことを言い,どんな話が続き,だれがどんな働きをして何が決まったのかなどを読み取る,新しい読解方法を開発するような取り組みとなった。

2. 音声言語に向き合うためのスモールステップ

　相手の話を聞きながら,同時に次に自分が話す内容を考えることは,生野南小学校の子どもたちにとって本当に難しく,相手の目を見てうなずきながら聞いたり話したりすることなど到底できそうもなかった。聞こえていることも話そうとしていることも消えてなくなるのに,言葉のキャッチボールが求められる。そのため,お互いの音声言語を見える形にして,きちんと向き合い考える時間を設ける必要があった。したがって2021年度は,全学年一貫して話し言葉を「書く」ことに取り組むことにした。また,書くことが難しい1年生は,タブレットを用いて自身の言語活動に向き合うことにした。

　スムーズな言語活動ができる状態とは程遠いのが子どもたちの「話す・聞く力」の実態だったが,お話の台本をつくったり,自分たちの話し合いの足跡を図に残したり,黙々と書いて紙面上の対話ラリーをしたりなどの活動を重ねることで,徐々に「話す・聞く」の力を身につけていった。そこに必要だったスモールステップの数々を紹介したい（教科書はすべて東京書籍『新しい国語』2019年検定を使用）。

② 話をつなぐ ── 低学年の実践

1. 1年「なにに　見えるかな」(全6時間。授業者は髙井可奈教諭)

　1年生の会話では，互いに言いたいことを言い合って満足してしまいがちである。本単元では，相手の言葉を受け止めたり質問したりする技法を学び，話を聞いてもらえたうれしさや，相手への質問を考える楽しさを味わい，話をつないでいく力を身につけさせたいと考えた。

①会話文を読み取る

　教科書に示された会話文では，教師が話す受け止めの文末に「ね」，質問の文末には「か」がついている。授業ではまず，形式から文の意味をとらえていくことをめざした。相手の言葉を繰り返したり，感想を言ったりしている部分には青いサイドラインを引き，質問と答えはセットにして赤いサイドラインを引く。質問の答えを見つける際には発言のすべてに線を引いてしまう子どもたちが多かったので，何を聞かれているのかを立ち止まって考えて，必要な部分だけを見つけられるよう支援した。

図2-4-1　教科書に記載された会話文のワークシート（一部）

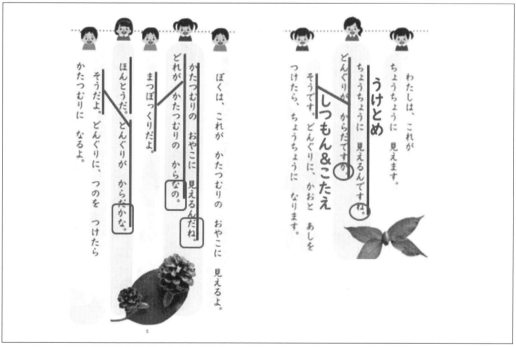

右が教師と子ども，左が子ども同士の会話。サイドラインや囲み，解説は授業者による。

　続く授業では，「ね」や「か」などの形式を外した会話文を読み取っていくとき，「かたつむりの　おやこに　見えるんだね。」という文を，間違って「〜だすね」と一斉音読してしまう場面があった。ここで授業者は，前時との違いを問うた。それにより，「先生との

113

対話」と「友達との会話」とでは形式が変わることに気づかせ，3人で話をつないで会話をつくっていくという本時のめあてを確認した。文末に「か」がない質問文（「どれが　かたつむりの　からなの」など）は黙読だけではとらえきれない子どもたちが多かったが，一緒に音読すると文末を上げて読む子どもたちがほとんどだったので，どうしてそう読んだのかを問いかけた。さらに，前時の学習を活かし，「～なの」という表現は「～なのですか」と置き換えられることに気づいたり，「どれが」という言葉を手がかりにしたりして，質問方法の広がりを読み取っていった。また，話の順番に注目することで，「いいね」や「かわいいね」など，前時で扱った例よりも短い言葉で受け止める方法についても見つけることができたようだ。

単元全体を通して，文意を視覚化できる工夫も考案した。たとえば，「受け止める」や「打ち返す」を動作化し，その意味を理解できるようにした。また，「質問」を示す赤い札と「受け止め」を示す青い札を子どもたちの手元に置き，読むときも話すときも聞くときも，どちらかの札を上げ，文意を視覚化することで，対話の流れを自然と身につけることができるようにした。

図2-4-2　文意を視覚化する工夫①

動作化を通して「打ち返す」（左）のはダメ，まずやさしくぎゅっと「受け止める」（右）が大事だと学ぶ

図2-4-3　文意を視覚化する工夫②

「質問」は赤い札を，「受け止め」は青い札を上げて対話の流れを理解する。

②話し言葉と向き合う

続いて，子どもたちは，ワークシート（図2-4-4）にある葉っぱでできた動物たちを，「見た物（植物）」から「見えた物（動物）」へと言語化した。さらに，それらの言葉を組み合わせて，自分の考えを紹介する話し言葉をつくっていった。これらを使って実際に会話する場面では，班の友達にタブレットで動画を撮ってもらい，図2-4-5の視点をもって振り返ることができるようにした。

図2-4-4 ワークシート

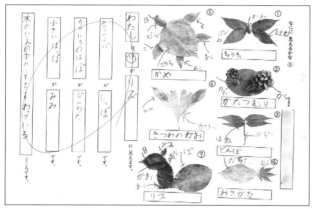

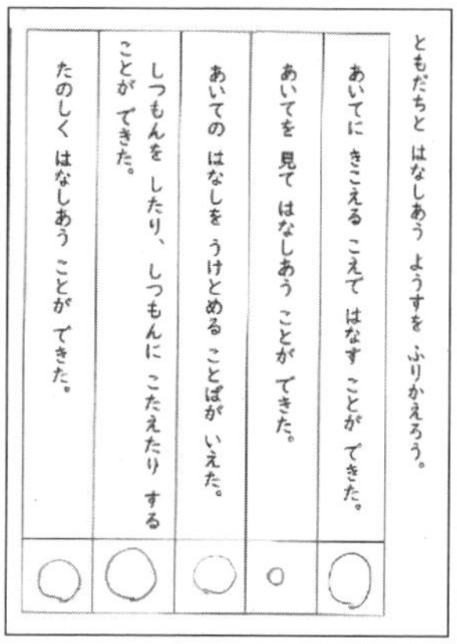

図2-4-5 振り返りの視点

③自分の言葉で伝え合う

　さらに,「見えた物」についての対話は,話し手が図2-4-4のワークシートを読むところから始まる。相手役は,まず受け止めの言葉を伝え,同時に質問を考えなくてはならない。質問の言葉が浮かばない子どもたちもいたが,話の順番をカードで示す班の友達(「おたすけカードマン」)に助けてもらいながら,一生懸命対話をつなぐ様子が見られた(図2-4-6)。

図2-4-6 班での役割分担

お話を聞く人
お話をする人
おたすけカードマン

　授業の最後には,自分たちが粘土でつくった「ごちそう」を紹介し合う対話の場面を設けた(図2-4-7)。これは,葉っぱの動物についての対話場面とは異なり,話し言葉を事前に書いておくという準備をせずに取り組む活動となる。子どもたちが相手に返す言葉をその場で考える際には,会話の順番がわかっていても,言葉にできないこともあった。そういうときは,今どんなことを伝えたらよいのかを授業者が全体に投げかけ,一人一人の語彙の差を乗り越え,皆で言葉を豊かにしていく授業展開とした。

図2-4-7 粘土の「ごちそう」を紹介し合う対話の場面

2. 2年「うれしく なる ことばを あつめよう」(全8時間。授業者は上田恵教諭)

本単元では，似たような経験や共感を伝える技法を身につけさせ，対話による話のラリーだけではなく，3人の会話へと発展させていく。班での学習方法を工夫したり，会話の構成に着目したりすることで，具体的な会話のつなぎ方を学ばせていきたいと考えた。

①会話文を読み取る

まず，教科書に掲載された会話文から，聞かれたことに答えるだけではなく，伝えたいことをうまく付け加える方法や，3人目として会話に加わっていく会話の技法を読み取る活動に取り組んだ（図2-4-8）。

1年生同様に質問と答えをセットで見つけ，赤でサイドラインを引く。たとえば，「どんな ときに，『ありがとう』と 言われたのですか。」という質問については，「どんなとき」と聞いているところから，この質問は「田中さんの かたづけを 手つだった ときに 言われました。」というところま

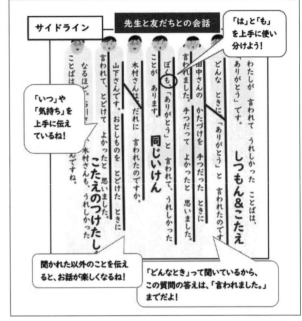

図2-4-8 教科書の会話文を分析する

サイドラインや囲み，解説は授業者による。

でだと確認した。2年生では，さらに，その答えへのつけたしの文（たとえば，「手つだって よかったと 思いました。」）には青いサイドラインを引き，その内容に着目させた。また，3人目の発言「ぼくも，『ありがとう』と 言われて，うれしかったことが あります。」という文は，「も」のはたらきを手がかりとして，「同じいけん」を言いつつ会話に加わる方法の例だということを読み取った。

会話文をより深く読み取り，実践へとつなげるために，図2-4-9のように本文のキーワードを穴空きにした会話台本（ワークシート）を用いた。3つの役があるので，3人の班で取り組めば台本を3回作り，練習もできる。自分らしくアレンジした話し言葉を何度も音読することで，丁寧な言葉遣いや会話の流れに，慣れ親しむことができた。だれがどこで何を言うのか，3人でお互いの役割や話の内容を一つ一つ一致させながら会話台本を埋めていく作業は，会話の構成を，自分事としてリアルに学ぶ時間となる。台本が完成したら，それぞれの班で音読の練習をした。

2年生では，話したり聞いたりする態度に，相づちを打ちながら目を見て聞くことなどが求められる。しかし実際には，相手の話を聞くことで精一杯となり，質問や共感をその

図2-4-9 会話台本のワークシート「友だちと話し合う。」

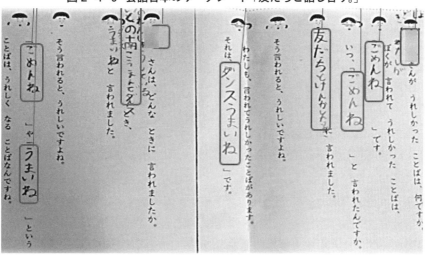

場で言語化することが困難な子どもたちが多
かった。この会話台本は，会話のマナーを身に
つけさせる一助とすることもねらいであった。
3人で練習を重ねたことで，3人の会話を皆の
前で発表する際には，自分のセリフを覚えてい
る子どもたちも多く，内容にも態度にも定着が
見られた（図2-4-10）。

図2-4-10 3人で対話する様子

②**話し言葉に向き合う**

　子どもたちは，単元の導入で「言われてうれ
しい言葉」を集めていた（図2-4-11の左）。その中から2つ選び，どんなときに言われ
てどんな気持ちになったのかを文章化し，1つは台本用に，もう1つは台本なしの会話場
面で用いることにした（図2-4-11の右）。

図2-4-11 単元の導入で集めた「言われてうれしい言葉」

「うきうきことば ふわふわことば」（言われてうれしい言葉，左）とその中から選んだ2つの言葉とその説明（どんなときに言われて，どんな気もちか。右）。

その実践場面への準備のために，慣れ親しんだ会話文の一つ一つに役割名（「しつもん」「こたえ」「しつもん（くわしく）」など。図2-4-12参照）をつけ，構成を整理した。3人での会話は，質問と答えの繰り返しだけではなく，話題ごとに「[子どもたちの言葉によれば] おさめている」部分があり，同時に新しい話がスタートしていることに気づいた。さらに，何度も音読した会話文を改めて俯瞰し，質問内容の質

図2-4-12　会話文の役割を確認する

の違いや答え方の工夫，会話そのもののまとめ方などをとらえ直すことなどによって，続く実践場面への架け橋となるような時間を設けた。

③自分の言葉で伝え合う

締めくくりでは，自分たちでつくった話し合いの展開チャート（図2-4-12）に自分たちの考えをのせ，何も書かずに短時間の準備で会話を成立させる活動に取り組んだ。とくに，詳しく質問する場面では，言葉につまる子どもたちもいたが，しばらく時間を置くことで，これまでの学習を思い出し，何とか言葉にすることができていた。

読み取り，書き込み，何度も音読し，内容を整理したことで，思考の言語化がよりスムーズになり，会話のなかに自分の意見が反映されている面白さを味わうことができたようだ。

3 司会を立てて話し合う —— 中学年の実践

1．3年「グループの合い言葉を決めよう」（全7時間。授業者は猪子智也教諭）

3年生からは，話し合いに司会を立て，その進行に沿って，協働的に異なる意見をまとめていく。本単元では，子どもたちが混乱しないよう，本文の読解も実際の話し合いも，「司会」と「参加者」の2つの視点から展開させた。

①司会者の役割を理解する

〈教科書の教材文を読解する〉

まず，教科書の本文にある司会者の発言を赤鉛筆で囲み，内容をよく読んで，一つ一つ自分の言葉で小見出しをつけた（図2-4-13）。話し合いのテーマや手順を伝え，それぞれの異なる意見を整理し，物事を決めるまでに，どんな言葉を用い，どんな配慮をしているのか，司会者が話す一語一語を丁寧に読み取った。

図 2–4–13 教科書の教材文を分析したワークシート

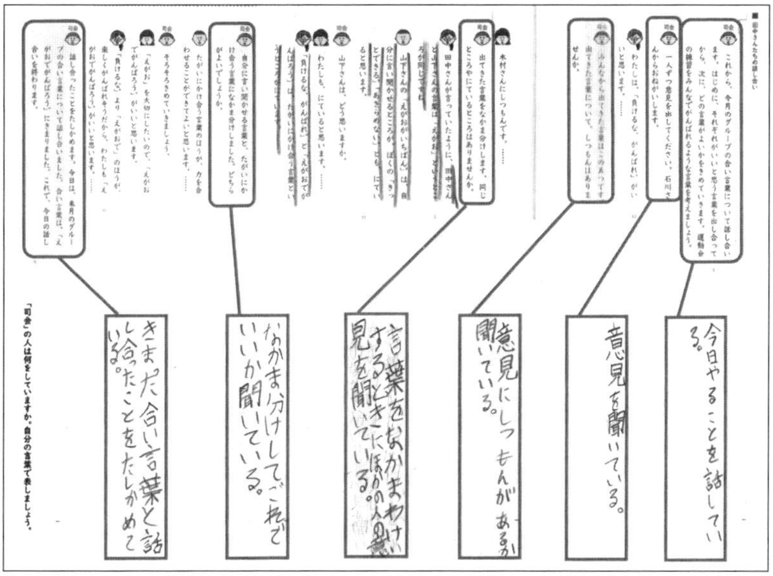

〈グループでの話し合いを経験する〉

4〜5人の班で1人1回以上の司会を経験できるよう，図 2–4–14のように少し多めにテーマ設定をした。司会者は，本文をなぞった司会の台本（図 2–4–15）をもとにグループでの話し合いをリードしていった。

図 2–4–14 テーマ設定

○班の合い言葉
○忘れ物をなくすための合い言葉
○給食の合い言葉
○そうじの合い言葉
○田島南小学校に向けた合い言葉
○2023年に向けた合い言葉（SDGs）

図 2–4–15 司会の台本

グループの合い言葉をきめよう③　司会者用
三年　一組（　　）
題　田島南小学校にむけて
司会
①これから、田島南小学校にむけて について話し合います。はじめに、一人ずつ意見を出し合ってから、次に合い言葉を決めていきます。まず、自分の意見をワークシートと意見カードに書いてください。
②では、一人ずつ意見を出してください。○○さんからおねがいします。
③みんなから出た意見は、この（九）つです。出てきた言葉について、しつもんはありませんか。
④つぎに、みんなから出た意見をなかま分けしていきます。
⑤そろそろまとめていきましょう。みんなから出た意見と、なかま分けしたものから、合い言葉をきめていきましょう。では、みんなの意見を出してください。○○さんからおねがいします。
⑥それでは、話し合ったことをたしかめます。今日は、田島南小学校にむけて について話し合いました。合い言葉は にきまりました。これで、今日の話し合いを終わります。ありがとうございました。
○ふりかえり

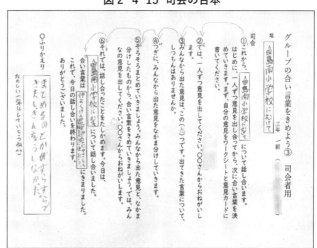

②参加者として，異なる意見のまとめ方を理解する

〈教科書の教材文を読解する〉

5つの異なる意見を整理していく場面では，読み取ったことを，図を用いて視覚化した。色鉛筆を使い，本文で示されている3つの分類方法と，その根拠を3色で書き込む（図

2-4-16の左2枚）。これをもとに，自分が考える仲間分けの方法と，その根拠を赤鉛筆で書き込んでいった（図2-4-16の右）。これは，自分の考えをもったり意見の根拠を言語化したりするだけではなく，話し合いに必要な，「分類の根拠」についても言語化できるよう，練習の時間として取り入れた。

図2-4-16 異なる意見の整理の仕方を視覚化して学ぶ

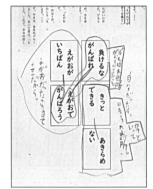

左2枚は教科書の教材文にもとづくもの。右は自分なりに整理したもの。

〈**グループでの話し合いを経験する**〉

続いて，実際に，グループでの話し合いを経験した。その流れは，下記の通りである。

・**自分の意見を伝え合う**

テーマに沿って考えた合い言葉と，その理由をワークシート（図2-4-17）に3つずつ書き，また合い言葉のみカードにも書く。カードを出し合いながら，1人ずつ自分の意見を伝え合う。

・**まとめ方を伝え合う**

異なる意見を整理する場面では，図2-4-18のような考えマップを用いた。当初は，意見カードを動かしながら，同じ言葉を見つけたり，似ている意見同士グループをつくった

図2-4-17 自分の意見をワークシートに書く

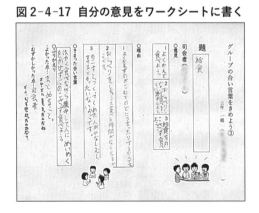

図2-4-18 考えマップ

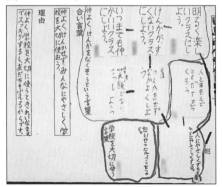

りして分類していくように指示した。しかし，この方法だと特定の子どもたちの考えだけで話し合いが進みがちだったので，単元の後半ではカードを授業者が糊付けして動かせないようにし，1人1色のカラーペンをもたせ，それぞれのグルーピングを書き込み，その根拠を順番に伝え合うよう工夫した。

図2-4-19 グループで意見をまとめる話し合い

・決定していく

青・茶・緑でカラフルになった考えマップをもとに，1つの合い言葉に決めていくために，ここでは司会者がリードしていく形をとる（図2-4-19）。本文では，5つの意見を1つに絞る形だったが，本実践では，何度も出てきている言葉同士をくっつけたり，似ている言葉をまとめたりする方法をとった。赤ペンをもった司会者が「〜はどうですか」と皆に問いかけながら，集約する過程を考えマップに書き込んだ。最後に，全体交流で各班の合い言葉を発表し合った。

2. 4年「学校についてしょうかいすることを考えよう」(全10時間。授業者は石毛美里教諭)

4年生では大勢で話し合うことが求められ，司会進行の内容も非常に難しい。したがって，本単元では，司会・発表者・参加者という役割のうち，参加者による話し合い活動に焦点を絞り，「一次的ことば」と「二次的ことば」の活用（終章参照）を織り交ぜた展開とした。

①司会者の役割を理解する

〈教科書の教材文を読解する〉

まず，教科書の教材文の司会者の発言にあるキーワードを穴あきにしたワークシートを準備した。これは，当てはまる言葉を前後の文から探すものである。たとえば，「␣␣␣␣はありませんか。」という穴埋めについては「すぐ後の人が質問しているから，ここに入る言葉は『質問』やな！」と考える。「しょうかいすることの一つは，␣␣␣␣でよいでしょうか。」という穴埋めについては，「この後，体育館の話が始まっているから『体育館』だ」と考えることとなる。「いいと思う␣␣␣␣は何ですか。」（穴埋めの言葉は「理由」），「次に，␣␣␣␣と␣␣␣␣のどちらをしょうかいするか，話し合いたいと思います。」（穴埋めの言葉は「プール」，「図書館」）といった言葉で，司会が話題を提示したり議論を整理したりしていることにも注目させた。この作業によって，司会を中心に進んでいく話し合いの展開を読み取り，司会者の役割を学習した。

〈グルーピングとワークシート〉

本文にある司会進行を子どもたちが担うには，ハードルが高すぎるという実態があった。そこで，本実践では授業者が司会をし，子どもたちには何かを決定していくための話し合

い方法を習得させることに重点
を置いた。

　1年生に紹介するテーマについて，本文にある「場所」以外に「行事」「教科」を設定し，それぞれに自分の考えをもたせた（図2-4-20）。それをもとに，1グループにつきA～Fの6つのチームのうち2つのチームの意見が反映されるようなグルーピングをする。以下，「教科」を例に紹介しよう。

　図2-4-21の例ではCチームとEチームをグルーピングし，C・Eチームとした。Cチームは図工3名・算数2名，Eチームは体育4名・図工1名で構成されている。各チームの一人一人が書いた「根拠」をすべて網羅した文章をこちらで作成し，ワークシートの吹き出しに提示した。つまり，テーマごとに3種類（3グループ分）のワークシートを用意した。

　紹介する教科を1つに絞る話し合いを始める前に，全員が司会の立場で両者の意見文を読み取るよう指示した。まずはグ

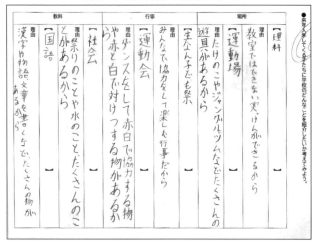

図2-4-20　自分の意見をもつ

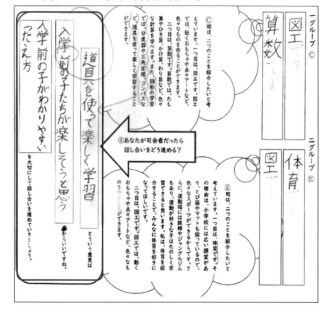

図2-4-21　司会の発言内容を考えるワークシート

ループ別に3種類のワークシートの音読をする。そして両チームの意見を抽出し，良い点にサイドラインを引いてほめ，これから始まる話し合いを，司会としてどんなふうに進めていきたいかを言語化するよう子どもたちに促した。

　自分の意見をもつと，どうしてもそれを通そうとしがちになるが，「司会」の立場から両方の意見をとらえ直すことで，勝敗を競うのではなく，よりよい答えを導き出すという本来の目的を確認することもできる。このワークシートはそこもねらいとし，すべての子どもたちが進行の視点をもつだけではなく，進行に悩むということを体験できるよう設定した。

②参加者として異なる意見のまとめ方を理解する

〈教科書の教材文を読解する〉

　教科書の教材文では，１年生に紹介したい「場所」を決める話し合い場面が扱われている。１グループが「広い体育館があること」「図書館でいろいろな本を読めること」，２グループが「大きなプールがあること」「体育館でいろいろなスポーツができること」を紹介したいと考えていた。これらの意見を踏まえて，まず紹介する場所が「体育館」に絞られ，その良い所を出し合って，話を広げたりまとめたりしていく話し合いの展開が示されている。このような展開を，本文と照らし合わせながら図式化できるワークシートを用いた（図２-４-22）。また，

図2-4-22 本文の話の展開を整理するワークシート

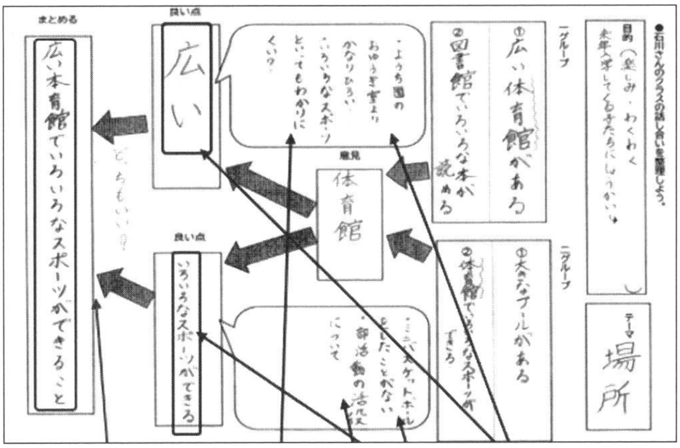

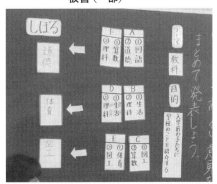

ワークシートの下側には教科書紙面が貼ってあり，矢印は対応する記述を指している。

意見を１つに絞る場面や，それにふさわしい理由を決める場面では，自分の考えが通らないこともあるが，そんなときこそ何のための話し合いか，目的に立ち戻るように伝えた。

〈グループでの話し合いを経験する〉

　続いて，各グループでの話し合いに取り組んだ。その流れは，以下の通りである。

・紹介する教科を絞る

　グループでの話し合いは，紹介する候補となっている４つの教科を２つに絞り，さらに先に紹介する教科を決めるところからスタートする。紹介したい教科とその理由を１人ずつ発表してから，どう絞るかをフリートークで話し合った。全教科違う意見が出そろったA・Fチームは，ルールやマナーの大切さに納得した子どもたちが多く，道徳に決定した。両方のチームに理科があがっていたB・Dチームでは，意外にも体育に決定した。両方のチームに図工という意見が出ていたC・Eチームでは，まず図工から説明することを決めた。

　ここが一番意見のぶつかり合いが見られた場面であり，平行線で時間がかかることも多く，授業者が一番苦戦した部分でもあった。

図2-4-23 紹介したい教科を絞る場面の板書（一部）

図2-4-24 話をふくらませ，整理
するための話し合い

図2-4-25 グループ（C・Eチーム）の話し合いのまとめと個々
人の意見を書いた付箋紙

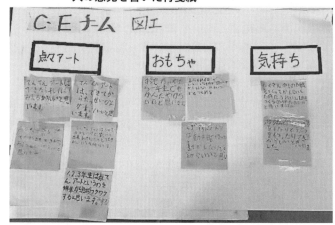

・ふくらませ，整理する

　自分の意見とは違った教科に決定したとしても，その教科の魅力を改めて考え，ワークシートに書くように指示した。合計10人で話し合うので，聞く視点をもたせるために，何度も出てくるキーワードを見つけ，画用紙の枠の中に書くよう指示した。また，実際の話し合いの場面でよく見られるのが，同じ意見を先に言われた場合，挙げていた手を下ろしてしまうことだ。したがって，全員が自分の考えを発表した後に，似た考えの子どもたち同士で集まり，同じ意見であっても表現の仕方を変えるなど，互いに工夫させた。そうやって決めた自身の意見を，丁寧な話し言葉に変換して付箋に書き，実際の話し合いに備えるようにした。

・話し合い，まとめる

　最後に改まった話し合い場面を設定した（図2-4-26）。授業者の司会進行のもと，自分たちの意見を丁寧な言葉で発表し合い，1つの意見（紹介する教科）と理由（魅力）という形にまとめていった。

　本来は途中のフリートークや付箋の活用は挟まずに展開させていくのが理想だが，そう簡単にはいかない子どもたちの実態があった。場面ごとに話し合いを止め，そのつどの手立てを設けたことによって，話し合いに必要な思考を整理することができた。このようなスモールステップは，生野南小学校4年生の子どもたちが大勢で話し合うことを可能にするのに必要なものだったといえるだろう。

図2-4-26　改まった話し合いの場面

4 対話する ── 高学年の実践

1. 5年「この言葉，あなたならどう考える」(全4時間。授業者は別所美佐子教諭)

　5年生では自分と異なるものの見方や考え方を理解する「対話力」が求められるが，子どもたちは，その前段階である，自分がとらえたことを言語化することの難しさに直面していた。本単元では，手を変え品を変え思考の言語化に取り組ませ，対話の基盤づくりを行った。

①受け取り方を言語化する
〈写真やイラストから思考する〉

　まず，図2-4-27のようなワークシートを用意して，思考を言語化する練習を行った。ワークシートの右側には，「歩く子どもの後ろ姿」「カメラを持つ少年」「たくさんのテント」の写真，また例に示したようなイラストやマークを載せておいた。

図2-4-27　言語化を練習するためのワークシート

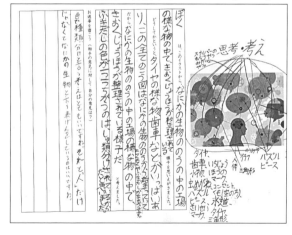

　まず写真の入っているワークシートを配り，写真の中に見える形を一つ一つ言語化するよう指示した。「少年」「木」「階段」など，見えているものを言葉にしていくうちに，「少年は落ち込んでいる」「公園っぽい場所」など，想像したことを追記できるようになっていった。事実を組み合わせて推理・想像し，頭で描いたストーリーを，見え方の根拠とともに，文章化させた。

125

続いて，イラストの入ったワークシートを配り，同様の活動に取り組ませた。ここでは，見えているものの受け取り方や，想像したことを言語にするよう指示した。さらにそこから作者の意図を読み取り，作文をさせた。これにより，本実践に必要な言語力を培った。

〈名言からイメージを広げ，作文を書く〉

続いて，下に示した「名言」から受け止めた景色を描かせ，さらにそれを言語化するように求めた（図2-4-28）。

図2-4-28 名言をイラストにする

【子どもたちに示した名言】

> ・僕の前に道はない。僕の後ろに道はできる。
>
> ・明けない夜はない。
>
> ・本は心のタネです。
>
> ・不安があるから進歩がある。
>
> ・事実は小説よりも奇なり。
>
> ・今日の一針，明日の十針

たとえば，「『今日これだけつらいことがあったから，明日なんて来なくていい』って思っても，絶対，朝は来るから，どれだけつらいことがあっても，明日は来るっていうことじゃないかな」という具合である。ただ，ここでは，そのままの文意として受け止める子どもたちが多く，一番苦戦した場面であった。

②書いて読んで対話する

これまでの言語化の練習を活かし，教科書に掲載されている教材文にある「芸術はばくはつだ」という言葉のとらえ方について作文した。次に，そのワークシートをペアで交換し，返事を書くということを繰り返した。ここでは，「相手の意見を受け止めたこと」を視覚化するため，相手の意見の中から興味をもった部分にサイドラインを引き，矢印をひっぱってきて，そこから相手への返事を作文するようにした。消えてなくなる音声言語での対話を正しく実現させるために，書いて対話をつくることをスモールステップとして考えたのである。これを対話台本とし，それぞれのペアが2つのワークシートを音読することで2種類の対話を完成させることにした。

【対話台本を用いた子どもたちのやりとり】

> A：ぼくは，芸術はいろいろなジャンルがあって無限大という意味だと考えたよ。
> B：どうしてそう考えたの。
> A：どうしてかというと，芸術はダンスや絵，音楽などのいろいろなジャンルが
> 　　あって，爆発物が飛び散るくらい無限だと思ったから。
> B：ぼくは，芸術は，今は売れなくてもやがて爆発するように売れるという意味だ
> 　　と考えたよ。
> A：どんな考えなの。くわしく教えて。
> B：どうしてかというと，今までならってきた芸術家は，亡くなってから爆発的に
> 　　売れるようになったって聞いたからだよ。
> A：確かにゴッホとかは，亡くなってから爆発的な人気となっていましたね，そう
> 　　いうことも考えられるかもしれません……あなたの意見を聞いて，自分の考え
> 　　がひろがりました。ありがとうございます！

③その場で対話する

　授業の最後には本来の対話の形をめざした。子どもたちは下の6つの言葉から，心に響いたものを1つ選び，黒板に自分の名札を貼った（図7-4-29）。

【子どもたちに示した6つの言葉】

> ・笑われて，笑われて，つよくなる。
> ・自分を作ろう。人との競争ではなく
> 　自分しかできないものを。
> ・かんじんなことは，目に見えない。
> ・人を信じよ。しかしその百倍も自ら
> 　を信じよ。
> ・平和は微笑みから始まります。
> ・99回倒されても，100回目に立ち上
> 　がればよい。

図2-4-29　心に響いた言葉に名札を貼る

　授業者はそのメンバーをみてペアをつくっていった。ここでは，名言を受け止めた印象や選んだ理由だけをワークシートに書いて準備し，後は音声言語で対話することをめざした。

また，同じ言葉を選んだ友達と対話するだけではなく，違う言葉を選んだ子どもたち同士でペアを組み，対話することにも挑戦した。違う言葉でも，選んだ理由が似ている面白さに気づき，対話する楽しさを味わうことができた。

2．6年「気持ちよく対話を続けよう」（全4時間。授業者は筆者（小野太恵子））

6年生の単元「気持ちよく対話を続けよう」では，とくに「聞く力」に重点を置いた。相手の話をしっかりキャッチしてそこに対応してから，自身の話を展開するという対話のモラルも身につけさせたいと考えた。

①対話のあり方を学ぶ

〈教科書の教材文の読解から見いだす〉

教科書の教材文には，ニュースで見た「防災」の話題について話している子どもの発言を受けた相手の子どもが「花見」の話題に転じてしまい，「防災」を話題にしたかった子どもが「ううん……。防災の話を続けたかったんだけどなあ。」と思っている場面が掲載されている。そこでまずこの教材文を読んで，対話が成り立っていない理由を確認するとともに，自分だったらこう返すという内容を言語化させた（図2-4-30）。

図2-4-30 「聞き取り」（左）と「投げ返し」（右）の際のポイントを学ぶワークシート

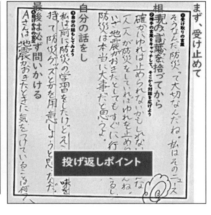

解説は
授業者による。

返す言葉をつくる際には，どれだけ相手の話を聞いているかが重要となるので，話の柱を探しながら聞くことを，「耳でメモを取る」というふうに伝えた。キャッチしたキーワードに対する自分の考えを先に示してから自分の話をし，相手がどう思うのかを問うように再び投げ返す。読解で見いだしたこの手順を，単元を通し徹底して練習した。

〈より豊かな対話へ〉

このような対話ラリーを，より活発に行うために，総合的な学習の時間なども使って，図2-4-31のようにたくさんのテーマで練習した。「対話力の向上」に焦点を合わせた授業にするためには，その基盤となるような関連知識が必要となる。対話の中身を充実させ

図2-4-31 取り組んだ対話のテーマ

1回目「自由」

2回目「睡眠」

3回目「朝ごはん」

4回目「ドラゴン桜　東大合
　　　格家庭の十カ条」

5回目　教科書にある「防災」
　　　のテーマに戻る

※2回目以降は，話題提示の文章
はこちらから提示

図2-4-32 調べた内容をまとめたワークシート

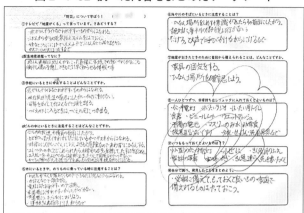

るために，朝学習や家庭学習として関連する知識を調べる時間を設け，対話する相手の話の柱が何であっても対応できるよう準備した（図2-4-32）。

②対話の視覚化

　5年生と同様に書いて読んで対話する形をとったものの，本実践では話を「キャッチする力」に重点を置いた。そこで，1回目以降の話題提示の文章は，授業者が用意した。全員が返事を書き，交換するところからスタートする。相手の話のどの部分から次の話をつくるのかサイドラインで視覚化した（図2-4-33）。また対話台本の発表の際には，できる限り板書にも再現するようにした（図2-4-34）。

図2-4-33 対話を視覚化するワークシート

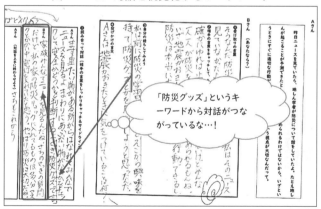

「防災グッズ」というキーワードから対話がつながっていることが確認できる。吹き出しや矢印は授業者による。

図2-4-34 対話を再現した板書

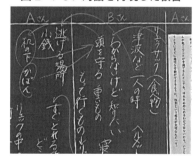

③聞いて対話

　続いて，音声言語を聞く力に向き合った。授業者が話す話題提示を聞き，話の柱をメモするよう指示した（図2-4-35）。自分たちがどれだけ聞き取れたのか，その量を確認した後，そこから作文なしの対話を始めさせた。相手の話をどれだけ聞き取れるかが，対話のカギになることを実感させたいと願った。

④話したいテーマで対話

　最後は，何も準備せずに，その場で対話する活動に取り組んだ。子どもたちが今一番話したいことを短冊に書いて，授業前に全員分掲示しておいた（図2-4-36）。それをもとに，授業者がペアをつくった。対話の成立が難しそうなペアも生まれたが，書いて読んで聞いて培ってきた対話力を，ここで発揮させたいと願った。

　たとえば「寝言」について話したい子どもと「ストレス」について話したい子どもの対話の様子は，下記のようであった。異なる話題を話したい子ども同士でも，お互いの発言をいったん受け止めたうえで，話を続ける力が育っていることがうかがわれるといえるだろう。

図2-4-35　聞き取ってメモを取る

図2-4-36　話題の組み合わせでペアを作る

【子どもたちの対話の例】

A：最近怖いことがあってな，○○くんが寝てるときに会話できるって言うねん。

B：それ，聞いてみたいわ。……でもぼくも寝言多いってお母さんに言われる。

A：寝てるってことは，意識ないってことやんな。……それ，怒られてもわからへんよな。

B：だからさ，最近，朝起きた，お母さんに「あんたうるさかったで」って言われて，ストレスたまってんねん。……発散せなあかんと思ってるねんけど，いい方法ある？

A：座るためのふにゃふにゃのクッションあるやんか。あれを蹴ったりなぐったりするで。

B：え，それやったら，怒られるからまたストレスがたまる。

言葉学びで育てる心
──研究の継続・発展に期待して

田村泰宏

第2章の実践記録を読むうちに，下の詩を思い出した。髙田三郎作曲・高野喜久雄作詞の歌曲「くちなし」の歌詞である。

くちなし

荒れていた庭　片隅に
亡き父が植えたくちなし
年ごとに　かおり高く
花はふえ
今年は十九の実がついた

くちなしの木に
くちなしの花が咲き
実がついた
ただ　それだけのことなのに
ふるえる
ふるえるわたしのこころ

「ごらん　くちなしの実を　ごらん
熟しても　口を開かぬ　くちなしの実だ」
とある日の　父のことば
父の祈り

くちなしの実よ
くちなしの実のように
待ちこがれつつ
ひたすらに　こがれ生きよ
と父はいう
今も　どこかで父はいう

「ただそれだけのこと」に父を思い出す。さらにはその声まで聞こえてくる。言葉が，

いかに人を人らしくするか，歌い上げてみごとである。

本校の研究会で，この詩想に似た印象を幾度ももった。書き手の心に迫ろうと教材研究を繰り返す授業者。音読練習しすぎていつの間にか長文を暗唱してしまう子どもたち。互いの考えに学び，納得いく結論を生み出そうと真剣に話し合う教室。指導案検討会や授業の様子が，この詩の父子の姿に重なる。決して背伸びすることなく，ただし子どもたちの心に言葉を届ける迫力は保ちつつ授業研究を繰り返す。言葉が子どもたちの心に響きはじめ，内には気持ちに奥行きをつくり，外には人との絆をつなぐ。

第2章のまとめとして，ここでは言葉学びを心の成長につなぎ得た理由を考えてみよう。研究の継続・発展につながることが見つかれば，何よりである。

1．国語科教育で心を育てる思いをつないできたこと

「言語力の向上をめざすというよりも，人を思いやることや感動するということを」伝えたいと，「技法から授業をつくるのではなく，授業者の感性をたどる形を」とりながらスタートした研究である。

この明確なスタンスが，授業者間で8年間引き継がれ，共有されてきたことで，子どもの「ことばの力」と心が育った。目の前の子どもたちを考えると，そうせざるを得なかったのだろう。国語科教育が学校づくりに結びついていく理由ともとらえることができる。

2．授業づくりの基本をシンプルに重んじたこと

とはいえ，国語科授業の枠組みを外すことは決してなかった。基本的な学習過程に従った単元を組む。物語文においては登場人物の心情の変化と理由，説明文においては問いに対する答えをそれぞれ探る。

とくに強調したのは，物語文こそ論理的に読もう，説明文でこそ書き手の気持ちに迫ろうとした点だけである。結果，国語科授業は，だれもが追試できる形になった。学校が組織的に国語科教育の成果をあげようとするとき，非常に大切なポイントになる。

3．学習方略をスモールステップ化したこと

シンプルさのなかでこそ工夫が生まれる。学習方略のスモールステップ化である。

サイドライン，劇化，小見出し，短冊，文章構成図，考えマップと，いずれも通り一遍で終わらせない。子どもたちが理解し納得し活用できるように，学習活動を独自の学習方略に深化させた。8年にわたる研究期間と相まって，子どもたちが学び方を学ぶ国語科授業が積み上げられることになった。

4．主体的な学びに手が届いたこと

一方で，学習過程のシンプルさは単元構想に可塑性をもたらす。調べ学習や並行読書等，興味・関心にしたがって主体的に言葉学びを進めるゆとりを生み出す。「調べ方を学ぶ」単元開発にまで研究を進展させる姿勢は，国語科教育に情報教育や学校図書館の活用を取り入れる際の指針となる。

さらに，主体的な学びの追究が，比較読みの学習過程を確立させることになった。話題に関する基礎的知識や背景への興味をもたせ，俯瞰し比較する思考力を育てる。考えを形成し交流することで，書き手の心に迫る。この学習過程に，さらに，資料を自在に検索し考えの形成に役立てる段階をプラスすれば，クリティカルリーディングの展開さえ可能になると考えている。

5．子どもたちの言葉が生きる授業を心掛けたこと

研究の歩みは，話し，聞き，話し合う授業研究に至る。どの授業者も，子どもたちの言葉を引き立てながら，共に新たな言葉を見つけようとしている。

子どもたちの言葉が生きる授業展開，言葉が響き合う国語教室を求めることが，言葉学びと心の成長とを両立させる要点であると気づく。

心を育てる意識を揺るぎなく貫くうちに，子どもの学びに対する教師の働きかけは，驚くほどきめ細かく展開されるようになった。子どもたちの生き生きとした言葉を，次々と新たな言葉学びに結び付けていくことが，生野南小学校の国語科教育の特質となった。

心が「ことば」を育て「ことば」が心を育てる国語科授業観の確立である。

荒れる心に「ことば」の響きを
スモールステップで育てる「ことば」と「心」

田村泰宏

単元「うれしくなることばをあつめよう」で話し合う子どもたち
（2021年度，2年生）

　8年に及ぶ研究を通して，子どもが変わり，学校が変わった。

　テーマに取り上げられなかった「書くこと」についても，子どもの様子を見れば，実によく書き，考えを深め，話し合いに活かしている。教室に「ことば」を取り戻すことができたのは，もとより実践に携わる教員が「暴力をことばに［変える］」という願いを保ち続けたことによる。また授業づくりに工夫を繰り返し，子どもの言葉に接する姿勢を磨き上げてきたことによる。

　本章では，子どもの言葉学びが力強く進む授業づくりに向けて，おさえるべき要点を考察する。総合的な学力の基盤となる国語学力向上への着実な道筋が見えてくる。

第1節　要点の１つめは「心を育てる国語科教育」

① 国語科授業のあり方を問い直す

　「暴力をことばに［変える］」という端的なフレーズが，生野南小学校の国語科授業を支え続けてきた。人との良い関係を築き上げる「ことばの力」，人の心に裏打ちされた「ことば」の優れたはたらきを子どもたちに学びとらせること，すなわち「心を育てる国語科教育」が教師たちの切実な願いであり，自ずと国語科授業研究への力の入れ方には特別なものがあった。

　８年の研究を経て子どもたちは，大人でも難しい「考えが違う者同士の話し合い」で，「Iさんの意見になるほどと思いましたが……」と相手の発言を認めながら，なお「とびきりのC案」を模索するような話し合いを進めることができている（本書p.60）。

　なぜ，こういった授業づくりができるようになったのだろうか。

　８年間の研究のあり方は，根本的に国語科授業のあり方を問い直す道のりであった。愚直なまでに本気に，しかも直截に子どもの心の成長を願いながら，国語科授業改善に取り組んできた。その授業づくりの要点を探る手がかりとして，生野南小学校がめざした国語科授業像を，まず検討してみよう。

② 心を育てる「国語科授業スキーム」の設定

　生野南小学校におけるそれまでの研究授業の成果をもとに，2019年度に筆者（田村）は，「心を育てる国語科授業」のイメージを，汎用できる「国語科授業スキーム」として提案した（図 終-1-1）。これは，国語科授業のあり方として，子どもの実態，教材，学習活動，学習目標を要素とし，その支え合いやバランスにも配慮しながら国語科授業を構築するイメージをまとめたものである。

　このスキームではまず，「心を育てる国語科教育」が頂点に位置づいている（図中の※ⅰ）。また，「文章の内容」と「文章の形式」とが相互補完的に学びの対象になることも表現している。子どもの立場から考えて，「この言葉を学んだからこんな内容がわかってよかった」といった学びの実現をめざす（図中の※ⅱ）。さらに授業づくりの主軸として，子どもの成長を願いながら，言葉の実態に照らしつつ文章の教材研究を行い，教材化し，学習活動を組み立てていくことを示している（図中の※ⅲ）。

　研究授業に臨む各授業者の姿には，子どもの「心を育てる」意識を常に保ち，あくまで子どもたちの生き生きとした言葉を大切にしようとする様子が見られた。この授業スキームは，そういった授業者の姿勢から帰納的に考案したものである。併せて，この授業スキームに

図 終-1-1　国語科授業スキーム（2019年5月に筆者が提案）

心を育てる国語科教育　※i

⇅

言葉の力の伸び（目標）

⬆

子どもの今ある言葉（実態）

⇅

教師の願い⇒教材化⇒学習活動　※iii
教材研究

⬆　　　　　⬆

| 文章の内容 | 物語文・説明文・談話 | 文章の形式 |　※ii
（内容理解・心情理解）　　　　　　　　（音声・文字・語・語句・文・文章）

立脚して実践を進める先には，学習指導要領に記されている「言葉による見方・考え方を働かせ」[1]る授業の実現や「学びに向かう力，人間性等」[2]の育ちまで見えてくるはずである。

　具体的な一例として，第1章第3節で紹介された実践例をあてはめて考えてみよう（授業の詳細については，本書pp.49-62を参照）。この授業の成果は，図 終-1-2のように図式化できる。

　授業者（小野太恵子教諭）は明確に学習目標を，「話し合いのモラルやマナー」に置いた。そして，「ついつい発してしまうトゲのある言葉」から「とびきりのC案へ！」と学びのめあてを設定する。「相手の意見を受け止めることの大切さや話し合いのモラルやマナーを，理論ではなく経験として会得させたいと」考えた。

　次節で述べるスモールステップを基軸として，丁寧に学習活動が仕組まれていく。吹き出しやサイドラインを活用し徹底して例文の構成を読み解く。話し合いの進め方の見通しをつけたうえで，テーマを設定する。調べ学習を進め，何度も書きながら考えを形成する。しだいに内言による思考が深まり，自信をもって意見を述べるようになる。その間にも「相手を打ち負かすのではなく……」と指導。子どもたちはとげとげしくならないように表現を工夫しながら，さらに考えを深めていく。

　スキームを底辺から順に見れば，「心を育てる国語科教育」に向けて，授業づくりが積み上げられていく様子がわかる。

　逆に図を上から下に見ていくと，授業者の思いがよく授業に響いていることがわかる。たとえば教材文中の「確かにかんげいの言葉なら，共通語より，その土地らしさのある方

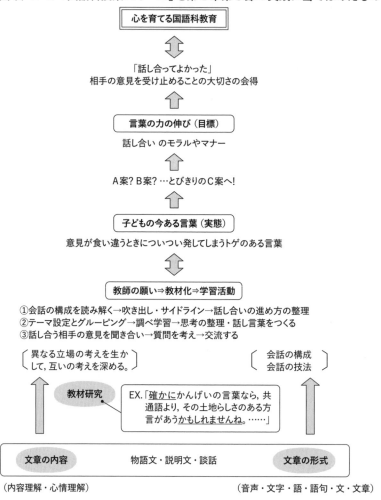

図 終-1-2 「国語科授業スキーム」を第1章第3節の実践に当てはめたもの

心を育てる国語科教育

⇕

「話し合ってよかった」
相手の意見を受け止めることの大切さの会得

⇑

言葉の力の伸び（目標）

話し合いのモラルやマナー

⇑

A案? B案? …とびきりのC案へ!

⇑

子どもの今ある言葉（実態）

意見が食い違うときについつい発してしまうトゲのある言葉

⇕

教師の願い⇒教材化⇒学習活動

①会話の構成を読み解く→吹き出し・サイドライン→話し合いの進め方の整理
②テーマ設定とグルーピング→調べ学習→思考の整理・話し言葉をつくる
③話し合う相手の意見を聞き合い→質問を考え→交流する

異なる立場の考えを生か
して, 互いの考えを深める。

会話の構成
会話の技法

教材研究

EX.「確かにかんげいの言葉なら, 共
通語より, その土地らしさのある方
言があうかもしれませんね。……」

文章の内容　　　物語文・説明文・談話　　　文章の形式

（内容理解・心情理解）　　　　　　　　　　（音声・文字・語・語句・文・文章）

言があう<u>かもしれませんね</u>。」［下線部は引用者による］といった, つい見落としてしまい
そうな, 相手を気遣う会話の手法に, 授業者が敏感に気づくことになる。

3 「心を育てる国語科教育」を頂点に見据えて

この「国語科授業スキーム」に表しているように, 心を育てるという思いを強くもって
いることが, 生野南小学校の国語科教育の1つめの要点であった。子どもの心の動きを
しっかり見極め, しかも確実に「読む」「書く」「聞く」「話す」「話し合う」力を育成する
ように自戒しながら, 「子どもの今ある言葉」の少し先を見越して, 気づきや納得, 時とし
て感動をも大切にする国語科授業を心掛ける。これが子どもの心に「ことばの力」を培う
ことになった。

第2節 要点の2つめは「学習方略のスモールステップ化」

1 「スモールステップ」という着想

「スモールステップ」という着想を得たことが，2つめの要点である。

「スモールステップ」といえば，まず学習活動の精緻化をイメージしがちである。ただ，「国語科授業スキーム」からわかるとおり，教師の思いやこだわりは，「子どもの今ある言葉」（実態）の把握をはじめ，教材研究，教材化，学習活動，学習目標の設定といったあらゆる要素に向かい，しかもそれぞれの要素を実に丁寧に分析し統合しながら授業づくりに結びつけていく働きをもつ。これが，生野南小学校のスモールステップである。

本節では，実践記録をもとにスモールステップという視点で授業を組み立てていく際のキーポイントを明らかにしていこう。

2 スモールステップで授業への思いを具体化しよう

1.「子どもの今ある言葉」（実態）をきめ細かく把握しよう！

「心を育てる国語科教育」へのこだわりは，まず子どもの言葉の実態を鋭敏にとらえることに働く。たとえば，次のような記述がある。

「言語力の向上をめざすというよりも，人を思いやることや感動するということを何とか伝えられないだろうか，と……」（本書 p.66）

教材文の内容価値に迫ることで，広く子どもの言語生活をより豊かにしたいというねらいが強く打ち出されている。また，次のような記述もある。

「……大きな反論がなければすんなりと受け入れてしまう児童が多いと感じている。……『走れ』では，母親が仕事で運動会に来られないということに対する中心人物『のぶよ』の気持ちが，あまり理解できていない……『仕事だから仕方がない。』といった反応が目立ち……」（本書 pp.20-21）

この実態の受け止めも子どもの言語生活に対する鋭い分析である。言葉による深い思考が難しく，また感動を得にくい子ども。生活経験の言葉化に拙さがみられる実態である。明らかに，言葉学びにてこ入れが必要な状態である。

一方では，人への思いやりや感動が，何かしら言葉による表現力や理解力の伸びに結びつくのではないかという強い期待感も，その背景に感じられる。文章の「内容価値」と「言語形式」とをバランスよく学び取る授業がこの実態把握の先にみえてくる。技能面で，次のような指摘がある。

「自分の意見をみんなの前で言える雰囲気からは程遠く，……自信がないという以上に……恐怖を抱いていた。……」（本書 p.79）

「だれを中心とした場面なのか，だれが何を言っているのかをとらえることが困難な子どもたちが多いように感じられた。……」（本書 p.67）

研究の初期段階ではこのとおりであったのだろう。授業者自身，日常の学級づくりに難渋しており，問題意識として言語力の向上を切実に求める姿がみえてくる。そこに，国語科で学ぶ適切な発音・発声や考えの形成，また確かな読解力を引き当てながら，指導に臨むことになる。

「子どもの今ある言葉」として日常の言語生活をとらえる姿勢は 8 年間一貫して変わらない。2021 年度の実践でも次のようにとらえている。

「大阪弁でのノリツッコミを得意とする子どもたちだからこそ，正しい話し言葉を習得する時間をもたせることに重点を置いた。相反する意見だとついついトゲのある言葉を発してしまいがちな子どもたちには，相手の意見を否定せず，受け入れつつも自分の意見に納得してもらう方法とは何か，悩ませるようにしたい」（本書 p.49）

「正しい話し言葉を習得する」こととは，豊かなコミュニケーションによって互いの言葉を磨き上げていくことである。日常生活の向上を，言葉学びで図ろうとする切実な願いが，授業づくりのバックボーンとなっていることがわかる。

2．内容と形式の両面に迫る教材研究・教材化をめざそう！

物語文・説明文・談話等にどのような内容価値があり，それがどのような言葉で表現されているのかを分析することから，教材研究は始まる。教材研究の成果を授業設計に反映させ，子どもが学び取るのに，どの言葉に着目させよう，こんなワークシートを準備しよう，教室の設定は……，とダイナミックに考え準備していくのが教材化である。この教材研究と教材化にも教師の思いが反映する。

本書の第 2 章第 1 節から第 2 節にかけては，この教材研究と教材化の手法を確立していく様子が語られている。

「子どもたちの『心』を軸に授業展開を考えるには，まず，授業者自身の心が動いた場面や，心に響いた言葉から研究授業を作るのが有効だろうと考えた。学級の子どもたちに何を伝えたいかということを明確にし，それを伝えて子どもたちの『心』が動くためにどんな読解方法を用い，どんな山場をつくればよいのか──教師たちがとことん議論し，一つ一つの授業をつくってきた」（本書 p.66）

心を育てる国語科教育においては，やはり，授業者自身の心が動く，心に響く言葉の分析から授業づくりが始められる。具体的に 2016 年度の実践事例で，授業者が「心に響いた」言葉をどのようにとらえていたのかが，表 2-1-2（本書 p.67）に示されている。

優れた点は，「心に響く」作品中の言葉をこのようにきちんと特定して，内容価値に対

応させていくところである。これが「国語科授業スキーム」を底辺で支え，授業で論理的に文章内容を追究していく起動力となる。もちろん，作品構成により，いくつものキーワード，キーセンテンスが構造的にからみあっている。表中の言葉はあくまでそのなかの一つであると考える。

　授業づくりの手順としては，次に具体的に授業に向けてどんな準備をしようか，となる。学習活動を軸に構成する教材化である。

　「スイミー」の劇化では，スイミーの内面に迫るために，あえて子どもにスイミーを見る仲間の視点を与える（本書p.70）。「ニャーゴ」の音読では，「意地悪なニャーゴの心が動くように，優しく元気に読もう」と助言。体の動きや音声化を通して，複雑な気持ちのゆれが，感覚に合わせて理解されていく（本書pp.71-72）。

　「ゆうすげ村の小さな旅館」では，教科書を何度も読み返しながら壁面掲示にゆうすげ村の世界を作る（本書pp.73-74）。「ごんぎつね」では，ごんの心情を読み解くサイドライン（本書p.21）。いずれの実践においても，子どもたちは物語の一言一言から想像を広げていく。

　高学年でも視覚化が意識される。「大造じいさんとがん」では，おとり作戦の場面を映像化して登場人物の心情に迫る（本書pp.74-75）。「ヒロシマのうた」でも，「心の小見出し」を黒板に掲示し，話し合いの活性化を図る（本書pp.78-79）。

　これら教材化のねらいは，決して読解の結果をいきなり普遍的な内容に導くものではない。どの実践も，子どもたちが抱く多様な受け止めを引き出す方向で工夫されている点に注目すべきである。

　一人一人の子どもが確実に作品を読み込むように，どんなことでもするという姿勢が尊い。「先行研究の素晴らしい技法を……まねるのではなく，担任の見立てを信じ，子どもたちにぴったり合った方法を，枠にとらわれず模索」するということである（本書p.80）。学級の子どもたちのことは，担任が一番よく知っている。それぞれの教師の自由な発想が，研究活動を活性化することがうかがわれる。

3. どの子も主体的に学習活動に臨めるようにしよう！

　筆者は授業研究のたびに，物語文こそ論理的に読もうと勧めてきた。登場人物の心情や行動を支える論理を読み取る力を育てることが，子どもたちが学校生活で友達の気持ちや振る舞いを寛容に共感的に受け止める素地になる。この学びに欠かすことのできないものとして，自分たちの考えを交流する学習活動がある。さらにその前提として，どの子どもも考えを形成することができるようにしておくことが授業成立の鍵である。とくにここにスモールステップが有効に働く。

　「大造じいさんとがん」では，キーセンテンスから考えたことを「伝え合い」「練り合う」（本書pp.74-77）。「倒れながら，きっと仲間のことを思っていると思う」「頭領としてのプライドで，限界を超えようとしている」「せめて最期くらい……という気持ち」と一人一人

の受け止めは個性的ながら論理的に矛盾しない。「同じ一文を選んでいても受け取り方が違っていたり，同じ印象だったとしても，それが伝わる一文が違っていたりして，話し合いはなかなか終わらな」かった。

「ヒロシマのうた」においては，高学年独特の話し合いの難しさを乗り越えるために，ヒロ子の気持ちを，①ワークシートに書く，②考えに小見出しをつける，③記名せず小見出しを短冊に書き掲示する，④友達の考えを互いに聞き合う，と学習活動をここまで細かくくだく（本書pp.78-79）。小見出しは，「知りたい」「ありがとう」「戦争さえなかったら」「本音」と，誠に素朴であるものの，皆の考えが重なり合うと，深い読み取りになる。この学習活動のくだき方や，すべての子どもに言葉を学ばせたいという授業者の思いには感動を禁じ得ない。

一方，説明文については，書き手の気持ちや願いに迫ることが大切と勧めてきた。教材文に取り上げられる社会事象や自然現象の説明内容には，すべて，人の思いが関わり，願いが込められている。そこまで読み込んでこそ，日常生活で出会うことに興味をもち，その価値を考える姿勢が育つ。子どもが自分事として日常生活に文化を見いだし，そこから科学や芸術や哲学などが生み出されること，さらにそれが言葉でどのように表現されているのか，それぞれの発見を積み上げることができれば，生活そのものが生き生きと輝きはじめる。

2017年度から始めた説明文の学習指導研究にも，スモールステップの着想は活かされた。2018年度に実施した「たんぽぽ」の授業では，「花」「み」「くき」「たね」「わた毛」といったキーワードを，色を変えて示すことで，この文，この段落で何について説明しているのかをつかみやすくした（本書pp.85-87）。また，たんぽぽの茎になりきって動作化する。子どもたちは，視覚，体感を働かせて文章構成をつかむことができた。文章を正確に読み取ることで，自然の不思議さや巧みさに気づくことができる。たんぽぽの命をつなぐ「ドラマ」を見たことになる。

「動物の体と気候」では，小見出し，図や写真の活用，読み取りの図式化とさまざまな学習活動を組み込んだ。また，段落パズルや役割パズルで，段落相互の関係を特定していった。「45分のなかで，子どもたちは視点を変えて，本文を何度も読んだ。その際に与えた視点こそが……スモールステップである」という（本書pp.92-93）。丁寧な読解により，自然の摂理の偉大さに気づいてほしいという書き手の願いに迫ることができた。

物語文と説明文の研究授業で試みられた学習活動のスモールステップ化は，表 終-2-1のようにまとめられる。このようにまとめてみれば，あらためて，ともかくすべての子が学習に参加できるようにしたいという，各授業者の気持ちの強さに気づく。

スモールステップで個別の学習を保障することで，同時に，どの子も納得いく学びを進めるようになったといえる。子どもがそれぞれに学び方を学ぶ，すなわち学習方略を身につけることにも有効に機能するのである。

表 終-2-1 学習活動のスモールステップ化

学習活動	スモールステップ化の観点
サイドライン	色を変えてサイドラインをつけることで，見た目にわかりやすく，また考えやすくなる。
劇化	子どもがだれの視点に立って劇に参加するのかが要点である。ねらいを明確にして役割を決める。
動作化	動作化から言葉を引き出すようにする。生きた言葉の学びである。
文パズル （低・中学年向き）	段落の中で一文一文がどのような役割をもっているのか考えながら文の並びを確かめていく。結果，どの子どもも文章を深く読み取ることになる。
段落パズル （高学年向き）	各段落の内容をきちんと読み取りながら考えていく必要がある。小見出しが有効。より視覚的に，より俯瞰的に，文章をとらえることにつながる。
役割パズル （高学年向き）	段落の役割に応じてグルーピングする。さらに文章を視覚的にまた俯瞰的にとらえることになる。役割を色別に示せばさらに把握しやすい。
教材提示	ICT機器を活用することで，文章の確かめや挿絵との比較検討が行いやすくなる。
短冊・吹き出し	考えを引き出しやすく，掲示して共有できる。
具体物の操作	言葉だけでなく，さまざまに体感を通して理解を進めることで，かえって言葉の学びが深まる。
シンキングツール	文章の分析に加えて，とくに俯瞰的に文意をとらえることに役立つ。
教室掲示	壁面掲示を学習に活用する。これまでの学習の振り返り，さらには文章を視覚化する絵地図や図・表など，子どもと一緒に構成していく。

　さらに，子どもが学習方略を得ることで，学びは次々と主体的に展開されていく。「比較読み」の単元展開も，①「読みの構え」をつくる，②各文章を正確に読む，③共通点をさぐる，④相違点を浮き彫りにする，⑤書き手の意図をとらえて比較する，というスモールステップを踏む。とくに「読みの構え」を確実につくることが学習を主体的に展開する要件であり，これに「学習方略」を兼ね備えることで，いわゆる「主体的・対話的で深い学び」が具現化することになる。子どもが学習を「俯瞰してとらえる」ことにも結びつき，ひいては，クリティカル・リーディングの基礎力を育てることにもなる。

4. 授業者も言葉に対する感性を磨こう！

　学習活動のスモールステップ化を工夫するうちに，各授業者の言葉に対する感性もどんどん豊かになっていった。日常的に出合う言葉に興味をもち，掘り下げていこうとする姿勢がみられるようになり，その姿勢がまた学習活動の工夫につながる。

　第2章第3節「比較して読む」に示された事例には，授業者の豊かな感性が授業をつくりあげていく様子が多くみられる。朝ごはんを食べてこない理由をまとめた表の数字から，理由がすべて明確に示されていないことに気づき，子どもと一緒に追究する（本書pp.101-102）。広告の文字のフォントやポイントが気になる。商品の名づけ，キャッチコピーの巧みさに感心し，対照的に説明書の見出しには個性的な表現があえて避けられてい

ることに気づく（本書pp.102-104）。日常生活で出合う言葉に子どもの意識を向けるため、自身の体験を生かして、ふろしき売り場を教室に再現する。「日本の道具」と題した本を作る（本書p.99）。子どもの自発的な調べ学習への、これ以上ない導きである。「新聞の投書を読み比べよう」（6年）では、授業者自身が新聞の投書にならい、「お笑いから学ぶ」と題した投書を書く（本書p.106）。

　授業者の言葉学びが良い授業を生み出している好事例である。

3 〉 「国語科授業スキーム」の求心・遠心

　生野南小学校における、学習方略のスモールステップ化のあり方をまとめると、以下のようになる。

　子どもの今ある言葉（実態）を丁寧につかみ、教材研究を深め教材化を工夫する。具体的な学習活動においては、子どもが共に学び、考えを交流し深めることができるようにする。さらにこのように丁寧な学習指導を実現するためには、並行して授業者自身が感性豊かな言葉の学び手であろうとする姿勢を保つことである。授業者が、心を育てるという思いを大切にしながら、授業、学習活動に工夫をこらしながら、子どもが身につける学習方略のスモールステップ化に、本気で取り組む。「心を育てる国語科教育」はこのようにして具体化されてきた。

　どちらかといえば、この授業づくりの努力は、学習活動の工夫を中心に、国語科授業スキームの〔　　〕で囲んだ内側に求心的に向けられる（図 終-2-1）。非常に緻密に、それこそスモールステップを刻んで行われるため、ほぼどの子どもも積極的に学習に臨むようになる。だからこそ、さらにその勢いを駆って、今度はスキームから遠心的に、子どもたちが主体的に学ぶ様子もみえてくる。

　2020年度の「目次やさくいんを活用しよう」（3年）の実践には、遠心的な学びに向けてという意味合いがある（本書pp.107-111）。ここでも、「国語辞典」と「百科事典」の比べ読み、「もくじ」と「さくいん」の比べ読みというように、スモールステップを刻む。子どもは、「読んで書いて、調べて伝えて……」という探究的な学びの楽しさを味わう。

　学習中の疑問や興味に即して、教材の範囲にとどめず、広く資料を求めて調べることは、学びを探究的に進めるために不可欠である。すでに「絵本の活用」で作家の考えにふれたり、話し合うために調べ学習をしたりする実践も行われており、生野南小学校の教師たちが、このような遠心的な側面にも目を向けていたことがわかる。

　2022年1月には、第6次「学校図書館図書整備等5か年計画」が策定されている。子どもの探究的な学びに対する施設設備面の条件整備であり、人的支援である。この機運にあわせて、授業実践を担う側は、ICT環境も含めて学校図書館の活用をさらに図るべきであると考えている。国語科の授業では、調べ学習、並行読書、発展読書に取り組むことが

できる。

　「国語科授業スキーム」に，さらに遠心的要素として並行読書や発展読書をつけ加え，心を育てる国語科教育に向けたスキームの完成形として，図 終-2-1 を示しておく。

図 終-2-1　国語科授業スキーム（改訂版）

発展読書

心を育てる国語科教育

⇕

言葉の力の伸び（目標）

⇑

子どもの今ある言葉（実態）

⇕

並行読書Ⅰ　　教師の願い⇒教材化⇒学習活動　※ⅰ　　並行読書Ⅱ

教材研究　　　　　　　　　　　　　※ⅱ

⇑　　　　　⇑

文章の内容　　物語文・説明文・談話　　文章の形式

（内容理解・心情理解）　　　　　　（音声・文字・語・語句・文・文章）

　図 終-2-1 において，並行読書には，内容価値把握に向けた並行読書Ⅰと言葉学びに向けた並行読書Ⅱとの二通りを想定している。たとえば，「新美南吉のほかのお話を読もう」はⅠにあたり，「『ごんぎつね』にある『赤いいど』ってどんな井戸なのだろう。図書館で調べてみよう」はⅡにあたる。さらに，単元終盤で，学びのなかで興味をもったこと，気にかかっていたことなど，より自由度を高くして読書に挑むことを発展読書とする。「ごんぎつね」を「すれちがいの物語」と受けとめ，O・ヘンリーの『賢者の贈り物』を発展読書にすすめた学校司書に出会ったことがある。このスキームの発展読書とは，そのようなイメージになる。

　なお，たいていの場合，学業を終えれば，日常生活に　　　　（図中の※ⅰ）で囲まれた学習支援は望めない。社会人として，自らの責任で言葉学びを進める（図中の※ⅱ）。だからこそ，スモールステップで学習方略を身につけることが大切なのである。「大人になったら，まったく違う意見の人と話し合わなければならないことがたくさんあります。それがけんかになるのか，今みたいに素晴らしい別案を生み出すか，どちらになるかは『ことばの力』と『心の力』です。」（本書 p.62）と話せば，どの子もその思いに応えようとする。研究成果は，この言葉に尽きる。

第3節 要点の3つめは「子どもと一緒に言葉を育てる学校」

1 授業における話し言葉の復権

　生野南小学校で話し言葉教育を研究授業のテーマに据えることができたのは，国語科教育研究開始以来8年目のことであった。なるほど，これなら子どもの生活に活きる言葉の力を伸ばすことがかなうと，納得のゆく授業が並ぶ。どの授業も，授業者の話し言葉教育への高い意識と気遣いの下，子どもたちが，実に安心して話し合っているのである。たとえば次のような場面である。

　「なにに　見えるかな」（1年）の授業導入で，友達と話す会話文例の一斉音読があった。「かたつむりの　おやこに　見えるんだね。」と読むべきところを，先に習った会話文例の「ちょうちょうに　見えるんですね。」にひかれて，「見えるんだすね」と読んだ子たちがいた（本書p.113）。授業者である髙井可奈教諭は即座に「ああ，本読みの練習しすぎて，前のところを覚えていて読んでしまったね」と声をかけたのである。

　また，「うれしくなることばを　あつめよう」（2年）では，話し合いの「まとめ」を「おさめる」ととらえた子がいた（本書p.118）。授業者の上田恵教諭は「まとめる」という言葉を教えながらも，「おさめる」も板書に併記する。

　「……だすね」も「おさめる」も期待していた言葉ではない。子どもたちも気づいている。そこに，間違いだと対応するのではなく，一生懸命の音読練習や，今ある言葉の力を総動員して考えついたであろうことに敬意をこめて，言葉かけや板書で応える。どれほどこの子たちの気持ちは救われたことだろう。加えて，そこにとどまることなく，これらの子どもの生きた言葉を契機に，場に応じた言葉遣いや，話し合いの組み立て方を理解させていく。子どもたちにとって，これほど納得のいく学びはない。

　たんに「この言葉を教えれば良い授業になるだろう」という程度のことではない。これらの学習場面には，授業者の，子どもと一緒にこの学級の言葉を育てようという気構えが通底しており，それがそれぞれの授業センスに昇華されていたととらえる必要がある。これが3つめの要点である。

　教師であれば，先に示した「国語科授業スキーム」の言語形式と内容価値を機械的に教えることが，いかに空虚な作業かということは感覚的にわかる。数値で測定できる学力を超えたところに踏み込んで授業を仕組んでいく覚悟がなければ，学力そのものとしても意味をなさないというレトリックになる。子どもの心の動きをしっかりととらえ，その言葉に誠実に応え，一緒に新たな言葉を見つけだしていきたい。授業における話し言葉の復権である。それでこそ，ほんとうに生きて働く「ことば」の力が育つ。

2 　内言の育成をめざす

　この，生きて働く「ことば」の力を育てることに関わっては，かつて岡本夏木が子ども
の言葉を，「一次的ことば」と「二次的ことば」とに立て分けて考察していたことを思い起
こす[3]。「一次的ことば」とは，子どもたちが小学校入学以前に出合う「話しことば」である。
具体的な状況を共有する親しい者同士で交わされる特徴がある。「二次的ことば」とは，主
に小学校入学後の学習場面で出合うものであり，現実の場面を離れたところで，「話しこ
とば」ないしは「書きことば」でさまざまな事象や事物を表現し理解する言葉である。双
方の間にはかなり大きなギャップがある。

　たとえば，小学校の全校朝会で校長先生から「みなさん，おはようございます」と言わ
れても，低学年の子どものなかには，自分に向けてあいさつしてもらっているとわからな
い子もいる。教室でも先生の言葉が耳に入ってこない1年生の子がいる。小学校低学年期
においては，周囲の大人がこの子どもの言葉の実態をよく理解し，配慮しながら徐々に「二
次的ことば」の世界に導いていくことが，学校での学びを円滑にスタートさせる前提とな
るのである。先の高井教諭や上田教諭の授業中の子どもへの対応は，まさに，一斉指導の
なかで一対一のコミュニケーションをうまく取り入れながら「一次的ことば」から「二次
的ことば」に迫っていった好事例といえるのである。

　「一次的ことば」と「二次的ことば」との関わりへの配慮は，低学年期だけのものでは
ない。書き言葉も交えて，より自律的に思考を操作しながら，高学年でも「一次的ことば」
を「二次的ことば」に磨き上げるという学習場面がある。第1章第3節の解説で述べた「話
し言葉の客体化」である（本書p.63）。

　さらには，この「一次的ことば」を「二次的ことば」に磨き上げることは，思考に深く
関わる内言を育てることに結びつくことも，岡本は指摘している。

　「私たちのことばは，一次的な話しことばと，二次的ことばとしての話しことば，そして
書きことばの三重の層からなります。そして二次的ことばを使いこなせ，それが思考の担
い手となるためには，心の中で今一人の自分と対話する『内言』の成立を必要とします。[4]」
振り返ってみれば，第1章第1節で紹介した「ごんぎつね」の学びにおいても，すでに「ご
んや兵十や自分と対話することを促す学習課題」の設定がなされている（本書p.24）。心
を育てる国語科教育をめざせば，自ずと授業者は一人一人の子どもの内言の成立，成長を
願うということになるのである。小学校全期間にわたって，授業者は「一次的ことば」と「二
次的ことば」とをうまく結びつけながら，内言の成立を支援する高い意識を保つべきとい
えよう。

　心を育てる国語科教育における，内言の成長は，図 終-3-1のように考えられる。子ど
もが，自身の「一次的ことば」と，教室で出合う「二次的ことば」との間を行きつ戻りつ
しながら次第に「二次的ことば」の世界になじんでいく。その間に書き言葉の学びも交え

ながら，言葉で思考を深める力を高めてい
く。この学習活動が，内言を成立させる。
「一次的ことば」と「二次的ことば」とは，
螺旋的に結ばれるのである。

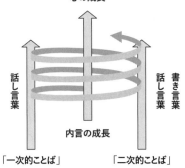

図 終-3-1　言葉の螺旋的成長

　当然，高学年でも，言葉の学びにおいては，
書き言葉も交えて，このように「一次的こ
とば」と「二次的ことば」とをつなぐしか
けを工夫する姿勢を，授業者として心掛け
ていきたい。子どもが，聞き，話し，読み，
書く活動を繰り返すうちに，この螺旋を継
続的に描きながら，その内言を確かで豊かなものにしていくよう工夫する。子どもの今ある言葉を少しずつ伸ばすことが，授業者の大切な役割である。もちろんこの場合も，心掛けるべきはスモールステップである。生野南小学校の実践から学ぶべき点である。

　子どもがその内言を駆使しながら思考を確かにかつ豊かに進めつつ自らの行動を律し人との良好な関係を築いていくことは，生野南小学校がかつて「暴力をことばに［変える］」と自ら励まし，求め続けた子ども像に重なる。生野南小学校の研究実践は，「二次的ことば」と出合う子どもが自ら内言を紡ぎ出すようにする営みであったともいえる。

　8年間にわたって繰り返された研究授業のなかで，とくに4年，5年と経つうちに，子どもたちの鉛筆の動きがとても速くなっていることに気づいた。学習活動のスモールステップ化によって考えが書きやすくなったこと，また考えを書く活動が増えたことによる。加えて，書くことで「一次的ことば」の「二次的ことば」化が進み，すなわち内言の成長が図られ，さらに考えの形成が次々と円滑に進むようになったのではないだろうか。この子たちの内言の成長が，生野南小学校の学校づくりを支えたと，確信している。

③ 「子どもと一緒に言葉を育てる学校」づくり

　さらに岡本は，子どもが内言を獲得する際に関わる者が留意すべきこととして「ことばの誠実性」に言及している。

　「誠実なることばの基盤は，幼児期に築かれます。そしてそれに不可欠なのは『誠実なる他者』の存在です。……子どもが自己の内的世界を作ってゆくのは，誠実な対話の相手のことばがまず自分のことばとして取り入れられ，さらにそれを通して相手の人そのものが自分にとり入れられることによります。『自己内他者』，自分の中に自分の話しかけを聞き，また自分に話しかけてくる今一人の自己が成立するのです。その自分に取り入れてくる人が，どういう人間かということは当然，その内的世界，さらには人格の形成の中核に深く影響を与えます[5]。」

2021年度，3年生が「グループの合い言葉を決めよう」というテーマで話し合う授業があった。小グループで自分たちの主張を相談する場面で「考えマップ」を作る。いわゆるKJ法なので，各自の考えをカードにして，グルーピングしながら話し合う。カードを動かすという点が，この学習活動のポイントだが，あえて授業者の猪子智也教諭は，ランダムにカードを糊付けさせた（本書p.121）。後ほど理由を聞くと，カードをフリーにしておくと，グループのなかでもよくできる子が，さっとまとめて，結局，考えないまま黙ってしまう子たちが出てくる。どの子にもじっくりと考えさせたかったからだという。

　岡本による上記の指摘を思い出した。いずれどの子にも，みんなすべてに成長してほしいと願う授業者の誠意は伝わると感じたし，すでに互いの信頼関係があるからこそ，仲間分けしにくいところをどの子も一生懸命に学習に取り組んでいた。実に誠実な授業者とその学級のほほ笑ましい光景であった。

　研究期間を通して，授業者がそれぞれに「ことばの誠実性」を備えていたからこそ，国語科の深い学びが実現した。あるいは一人一人の授業者の「ことばの誠実性」が根幹となって，実り多い学校づくりが実現したといえる。

　「誠実なことばがあふれる学校」

　これこそが，教育現場に山積するさまざまな課題，またそこで学ぶ多様な子どもたちを前に，学校がその包摂性を保ち続ける，大切な要件なのである。

| 注 |

⑴　文部科学省『小学校学習指導要領』(2017年3月告示) p.28。
⑵　同上書，p.18。
⑶　岡本夏木『ことばと発達』岩波書店，1985年。
⑷　岡本夏木『幼児期』岩波書店，2005年，p.170。
⑸　同上書，p.206。

おわりに —— 子どもたちの温かい「ことばの力」

　生野南小学校については,「『生きる』教育」の実践が注目されています（本シリーズ第1巻参照）。しかしながら私自身が「『生きる』教育」の内容以上に驚かされたのは,当校の子どもたちの「ことばの力」の豊かさでした。

　4年生の「『生きる』教育」のライフストーリーワークでは,子ども同士が最近,うれしかったこと,悲しいこと,困っていることなどを,1対1で話し合う「面接」の授業があります。それを取材したNHKの番組「"生きる教育"で心はぐくむ——大阪・生野南小学校　4か月の記録」（『かんさい熱視線』NHK,2021年2月5日放送）には,男の子たちが次のような会話をしている様子が映っていました。

A「実は最近友達が大工になりたいと言って困っています。最近母のいとこが大工の工事で高い場所から落ちて亡くなりました。なので友達にも亡くなってほしくないので,大工になってほしくないです」

B「[驚いて]えっ,亡くなっちゃったん。[考え込んで]それは重い話」

　「重い話」を打ち明けられる安心感,それを受け止めて一緒に悩む優しさが育っていることがわかる一場面です。

　次のような場面もあります。

C「最近困っていることはありませんか？」

D「最近困っていることは,友達関係に困っています。仲良くなりたいけど,ついついいらんことを言ってしまって困っています」

C「そっかぁ。[考え込む]まあそうやなぁ。その相手が嫌がることをなんとか言わんくすればいいけど,それがなかなかできへんの？」

D「そうそう」

C「結論なぁ。どうする？　[考え込みつつ]ん〜,どうしたらええんやろうなぁ。つい言ってしまうんやろ？」

D[うなずく。不安そうに身体をゆすっている]

C「なんか気をつけていかんと」

　この会話の後,Cさんは「友達へのせっし方を工夫すればよいんじゃないですか」というアドバイスを書いた付箋紙をDさんに贈っています。悩みを打ち明けたDさんは,取材者のインタビューに答えて,「秘密のことを初めて言うからどきどきした」,「[聞いてもらって]気持ちがすっきりした」,「あおりを止められるようになりたい」と語っています。横で聞いていたCさんは「Dくん優しいからなれる」と励まし,Dさんは「うれしい」と言って,受け取った付箋紙を真剣に見つめていました。

　これらの場面を見て,小学校4年生の男の子たちがこのようにしっとりと温かい会話を交わすことができるのか,と目を奪われました。

　その後,私自身,2021年度に計15回,当校に足を運びましたが,子どもたちはいつも

前のめりに授業に参加し，ワークシートに勢いよく書き込み，しばしばチャイムが鳴っても集中して学び続けていました。確かに，低学年のクラスでは忘れ物が多かったり，高学年でも基本的な漢字の誤字が散見されたり，ちょっと長い文章を与えられると「こんなに長い文章，読めへん！」と嘆く子どもたちの様子に，当校が社会経済的に厳しい地域にあることを思い出さされる場面はありました。しかし，熱心に授業に参加する子どもたちの姿を見ると，当校が10年前に激しい「荒れ」に直面していたとはまったく信じられない心地でした。

　実際に，子どもたちの「ことばの力」が伸びていることは，2014年度と2020年度の卒業文集（644字以内で自由題の作文を書いたもの）の比較によっても明らかになりました（両年度とも担任は小野太恵子先生であり，執筆について取り立てた指導は行っていないとのことでした）。2014年度のほうは，楽しかった思い出，習い事や趣味，中学校で頑張りたいことといったテーマを複数取り上げて羅列的に書いているものが大多数でした（1つのテーマに絞って書いているものは36本中6本）。「いろいろなこと」などの表面的な記述や事実の列記が多く見られました。一方，2020年度の作文は，1つのテーマに絞って書いているものが大多数（35本中31本）であり，具体的な詳細が伝わってくるものが多くなっていました。自分自身や友人関係などに関する悩みや困難をどう乗り越えたのかを書いているものも増えていました（2014年度は1本でしたが，2020年度には14本にのぼっています）。子どもたちが物事をとらえる目がより精緻になり，それを豊かに表現する力が育っていることがうかがわれます。

　そのような子どもたちの姿は，当校の先生方が2014年度以来，取り組んでこられた国語科教育の授業研究の賜物（たまもの）といえるでしょう。当校の「荒れ」が克服されたのは，「『生きる』教育」の効果というよりも，むしろ授業を改善し，さまざまな場面で子どもたちが活躍できる場を保障してきたからだ，と小野太恵子先生は語っています。社会経済的に厳しい地域にある学校においては，しばしば「学力」が子どもたちを追い詰めるものとして忌避され，「ケア」が強調されがちな状況がみられます。しかし，生野南小学校の取り組みは，むしろ「学力」を保障することで，子どもたちに豊かな学校生活を提供しようとした点で，独自の輝きを放っています。

　本シリーズの刊行にあたっては，ぜひとも国語科教育で独立した巻を作りたいと考えたところ，木村幹彦先生・小野太恵子先生をはじめとする当校の先生方，ならびに長年，当校へ指導・助言を提供されてきた田村泰宏先生のご快諾をいただけました。また郷田栄樹さん・大澤彰さん・佐賀大夢さんはじめ日本標準のみなさまには，企画から刊行に至るまで多大なご支援・ご尽力をいただきました。心より感謝申し上げます。なお，当校での調査については，JSPS科研費18H00976の助成を受けました。

　生野南小学校の学校改革は，「荒れ」を鎮静化させた2011年度から2013年度，国語科教育の研究開発を進めた2014年度以降，「『生きる』教育」の研究開発に取り組んだ2017年度以降という3つのフェーズで進みました。第3巻では，学校づくりの詳細を扱いたいと考えています。第1巻・第2巻とあわせてご高覧いただければ幸いです。

　　2023年2月

　　　　　　　　　　　　　　　　　　　　　　　　　　　　西岡加名恵

編者・著者・授業者一覧

監修者

田村泰宏　甲南大学教職教育センター 教職指導員
　　　　　大阪市教育委員会事務局 中央図書館 学校図書館コーディネーター
西岡加名恵　京都大学大学院教育学研究科教授

編　者

小野太恵子　大阪市立生野南小学校（実践時，現 田島南小中一貫校）
木村幹彦　　大阪市立生野南小学校校長（実践時，現 大阪市立南市岡小学校校長）

実践を掲載させていただいた授業者　(五十音順)

大阪市立生野南小学校（実践時，現 田島南小中一貫校）
　秋元雄之（現 鳥取市立面影小学校）
　石毛美里
　礒谷容子＊
　猪子智也
　上田 恵
　菊井 威
　後藤 陣（現 大阪市立茨田北小学校）
　白川（江川）由里子（現 大阪市立日吉小学校）
　髙井可奈（現 大阪市立常盤小学校）
　辻田和也（現 大阪市立城東小学校）
　中尾悦子（現 大阪市立安立小学校）
　藤田（佐野）彩奈（現 大阪市立南港光小学校）
　別所美佐子
　山阪美紀

（所属は2023年2月現在，＊は所属なし）

※2022年4月より生野南小学校と田島小学校を統合した田島南小学校が田島中学校敷地内に新設され，田島南小中一貫校として施設一体型の小中一貫教育が進められている。
※「田島南小中一貫校」は愛称。正式の学校名は「大阪市立田島南小学校」「大阪市立田島中学校」である。

[監修者紹介]

田村泰宏（たむら やすひろ）
甲南大学教職教育センター 教職指導員
大阪市教育委員会事務局 中央図書館 学校図書館コーディネーター

1978年より大阪市立小学校教員として勤務。1989年〜91年に兵庫教育大学大学院に内地留学。清江小学校校長（2008年〜11年），清水丘小学校校長（2011年〜15年）を経て現職。2014年4月より2022年3月まで，生野南小学校にて国語科研究の指導に関わる。

主な著書に，『国語科授業改革双書24 子どもとひらく国語科学習材 音声言語編』（共著，明治図書，1998年），『文学・説明文の授業展開全単元（小学校高学年）』（共著，学事出版，2012年），『「新たな学び」を支える国語の授業 思考力・判断力・表現力の育成をめざして』（共著，三省堂，2013年）など。

西岡加名恵（にしおか かなえ）
京都大学大学院教育学研究科教授

日本教育方法学会理事，日本カリキュラム学会理事など。
さまざまな学校と連携して，カリキュラムの改善やパフォーマンス評価の活用などに関する共同研究開発に取り組んでいる。

主な著書に，『教科と総合学習のカリキュラム設計』（図書文化，2016年），『「資質・能力」を育てるパフォーマンス評価』（編著，明治図書，2016年），『グローバル化時代の教育評価改革』（共著，日本標準，2016年），『「逆向き設計」実践ガイドブック』（共編著，日本標準，2020年），『新しい教育評価入門 増補版』（共編著，有斐閣，2022年），訳書に，グランド・ウィギンズ＆ジェイ・マクタイ『理解をもたらすカリキュラム設計』（日本標準，2012年）など。

JASRAC出 2300699-301

生野南小学校 教育実践シリーズ 第2巻
心を育てる国語科教育
──スモールステップで育てる「ことばの力」──

2023年3月30日 第1刷発行

編 者─────田村泰宏・西岡加名恵
著 者─────小野太恵子・木村幹彦
発行者─────河野晋三
発行所─────株式会社 日本標準
　　　　　　　〒350-1221 埼玉県日高市下大谷沢91-5
　　　　　　　電話 04-2935-4671
　　　　　　　FAX 050-3737-8750
　　　　　　　URL https://www.nipponhyojun.co.jp/
印刷・製本─────株式会社 リーブルテック